船舶运动与载荷试验测试技术

唐浩云　张显库　著

大连海事大学出版社

DALIAN MARITIME UNIVERSITY PRESS

图书在版编目(CIP)数据

船舶运动与载荷试验测试技术／唐浩云,张显库著. — 大连 ：大连海事大学出版社，2023.4

ISBN 978-7-5632-4382-2

Ⅰ.①船… Ⅱ.①唐… ②张… Ⅲ.①船舶运动—载荷试验—测试技术 Ⅳ.①U661.3

中国版本图书馆 CIP 数据核字(2022)第 254604 号

大连海事大学出版社出版

地址:大连市黄浦路523号 邮编:116026 电话:0411-84729665(营销部) 84729480(总编室)

http://press.dlmu.edu.cn E-mail:dmupress@ dlmu.edu.cn

大连永盛印业有限公司印装　　　　　　**大连海事大学出版社发行**

2023 年 4 月第 1 版　　　　　　　　　2023 年 4 月第 1 次印刷

幅面尺寸:184 mm×260 mm　　　　　　　　　印张:9

字数:216 千　　　　　　　　　　　　印数:1~500 册

出版人:刘明凯

责任编辑:董玉洁　　　　　　　　　　　　责任校对:张　华

封面设计:张爱妮　　　　　　　　　　　　版式设计:张爱妮

ISBN 978-7-5632-4382-2　　定价:27.00 元

前　言

随着科学技术的不断进步和关键测量仪器的普及，近几年来以缩尺模型为基础的试验测试技术得到了显著的发展，其中船舶运动与载荷试验测试技术作为交通运输工程、航海科学与技术等相关专业领域中可靠性验证的必要环节，其研究成果一直以来都受到船舶设计与科研人员的重视。

本书对船舶运动与载荷试验测试技术进行了详细的介绍，旨在解决现阶段如何进行船舶模型设计、如何实施模型运动控制以及如何实现船舶关键参数的动态测量等模型试验中的实际问题。本书总结了现阶段船舶模型设计、试验仪器研制以及模型试验的重要经验，详细说明了船舶运动与载荷试验测试中关键技术的原理和实施方法，从而有助于读者更加全面地了解船模试验的目的与意义。同时，书中亦给出了一些新型的试验装置和数据优化的方法，相关仪器和方法的改进有效地提高了模型试验的精度和效率。通过阅读本书，作者希望读者能够熟练掌握船舶模型设计与试验的基本步骤，从而快速有效地实施船舶模型试验，为交通运输工程、航海科学与技术等领域的研究提供可靠的验证手段。

在本书的撰写过程中，本人与大连海事大学张显库教授进行了多次研讨。在张教授的悉心指导下，本人对模型试验关键技术的说明和试验数据的分析等内容进行了多次修订，极大地提高了本书的系统性和实用性。本书的出版得到了大连海事大学航海学院 2022 年一流学科著作出版项目的资助，在此对大连海事大学航海学院给予编者的支持表示由衷的感谢。同时，感谢辽宁省博士科研启动基金计划项目(2021-BS-078)、辽宁省教育厅面上项目(LJKZ0046)等课题对于书中相关试验技术研究的资助。

由于作者水平有限，书中不足之处在所难免，欢迎读者批评指正。

唐浩云

2022 年 11 月 1 日

目　录

第 1 章　绪论

　　随着全球一体化的发展,船舶作为一种重要的运载工具已广泛应用于我国运输行业。船舶的型线、材料、结构形式、推进装置以及操纵设备等各个方面的发展均离不开船舶工程、航海技术等领域科技工作者的不懈努力。对于相关领域的科研人员而言,除数值仿真以外,船舶模型试验仍被视为一种行之有效的研究手段。事实上,全球造船先进国家的大学以及科研机构均结合自身学科发展的特点,在陆地上建立了一系列能够模拟海洋环境的大型水池,并通过制造与实际船舶相对应的小型船模进行模拟测试,从而有效地观察船舶在波浪下的各种现象、验证相关技术改进的可行性。

1.1　船舶模型试验测试技术概述

1.1.1　船舶模型试验测试技术的兴起与发展

　　船舶模型试验测试技术,简称船模试验技术,是在研究船舶航行性能和水动力性能时将实船整体或局部按比例缩小尺度制成模型并进行试验的技术。船舶试验在船舶设计和研究中均占有非常重要的地位。在船舶研究的初期,由于船舶在海洋环境下航行状态的机理十分复杂以及早期相关理论发展的不足,因此针对船舶运动、水动力和结构响应特征等领域的研究成果往往无法完全满足实际船舶设计与建造的迫切需求。19 世纪 60 年代,英国学者 Froude 结合相似理论,率先提出一种采用小型船模试验来估算实船阻力的方法。其方法由于相对简单快捷且操作性强,在当时得到了造船界学者的广泛关注。其后,以船舶模型试验为基础的船舶性能研究开始兴起,在众多学者的争相尝试下相关技术和方法得以迅速发展,并在船舶快速性、船舶耐波性、船舶操纵性等领域逐步推广。相关研究表明[1],船舶模型试验测试技术能够有效地估算船舶在不同海洋条件下的各项性能,同时亦能够实现相关流体和船舶运动现象的重现。因此,考虑到船舶模型试验在船舶各项性能预估的优势和船型优化上的便捷性,欧美一些造船业发达的国家纷纷开始筹建应用于船舶模型试验的大型海洋环境试验水池。

　　为了提升船模试验研究的测试技术、数据分析方法以及探讨高精度预报实船航行性能的技术途径,各国造船界专家频繁交流,并于 1933 年 7 月在荷兰 Troost 教授的邀请下于海牙召开了第一届国际水池主任会议。该会议设立初期,主要由美国、英国、法国、德国、意大利、日本、奥地利、荷兰和挪威等国家的水池主任代表参加。根据船舶性能测试的特点,会议初步设立了船舶耐波性、船舶操纵性、船舶阻力和船舶推进这四个技术委员会。通过各技术委员会的内部讨论,船模试验相关领域的研究成果被进一步总结。其后,在 1948 年的第五届会议上与会代表确立了三年一次的会议周期,并在第七届会议上将该会议正式更名为国际拖曳水池会议(International Towing Tank Conference，ITTC)。前28届ITTC会议的相关信息见表1.1。随着参与国家和代表数量的不断增加，该会议逐渐成为船模试验技术领域重要的科研指导机构，目前也是船舶水动力学界最具代表性和权威性的学术研究组织之一。现阶段ITTC承担了全球船模试验技术的汇总、船舶试验规程的推荐以及信息互换平台的搭建等多项任务。

表1.1　国际拖曳水池会议信息表

届序	会议时间	会议地点	参与国家数	参加代表数
一	1933年7月13日至14日	荷兰	9	23
二	1934年7月10日至13日	英国	11	25
三	1935年10月2日至4日	法国	8	19
四	1937年5月2日至28日	德国	10	29
五	1948年9月14日至17日	英国	7	46
六	1951年9月10日至15日	美国	13	68
七	1954年8月19日至31日	斯堪的纳维亚	17	77
八	1957年9月15日至23日	西班牙	21	93
九	1960年9月8日至16日	法国	19	85
十	1963年9月4日至11日	英国	22	88
十一	1966年10月11日至20日	日本	18	97
十二	1969年9月22日至30日	意大利	23	172
十三	1972年9月4日至14日	联邦德国	25	134
十四	1975年9月2日至11日	加拿大	24	109
十五	1978年9月3日至10日	荷兰	31	152
十六	1981年8月31日至9月9日	苏联	26	166
十七	1984年9月8日至15日	瑞典	32	209
十八	1987年10月18日至24日	日本	25	223
十九	1990年9月16日至22日	西班牙	32	235
二十	1993年9月19日至25日	美国	36	213
二十一	1996年9月15日至21日	挪威	27	186
二十二	1999年9月5日至11日	韩国、中国	30	218
二十三	2002年9月8日至14日	意大利	32	208
二十四	2005年9月4日至10日	英国	32	214
二十五	2008年9月14日至20日	日本	26	135
二十六	2011年8月28日至9月3日	巴西	24	212
二十七	2014年9月1日至5日	丹麦	23	171
二十八	2017年5月16日至19日	中国	30	312

在 ITTC 的指导下,船舶试验测试技术在船舶阻力、船舶推进、船舶操纵性和船舶耐波性等领域发展迅速,模型设计与试验技术亦逐步规范化。依托牵引绳、拖车等拖航试验设备,船舶试验由最初的静水试验开始向自主航行试验转变。20 世纪 50 年代初,通过结合线性叠加理论和信号平稳随机过程的原理,学者丹尼斯和皮尔逊建立了不规则波仿真理论。在该理论的指导下,船舶试验技术人员利用冲箱、摇板等制动装置在流体中进行一定频率的规律扰动,利用扰动所产生的不规则流体波动来模拟真实海洋的不规则波浪环境。自此船舶模型在不规则波下进行相关性能测试成为可能,而船舶试验测试技术的研究亦逐步向不规则波领域扩展。20 世纪 50 年代末,美国泰洛试验室和荷兰水池试验室先后建立了配备造波设备的耐波性水池,并在这些水池中成功实施了基于不规则波环境下的船舶耐波性试验。相关船舶模型试验的结果进一步促进了真实波浪环境下船舶的不规则运动、甲板上浪、航行失速等现象的研究。1954 年,我国的船舶模型试验研究所亦建立了中国第一座船舶拖曳水池,从而掀开了我国科技工作者在船舶模型试验测试技术研究的序幕。其后,哈尔滨工程大学、上海交通大学、大连理工大学、江苏科技大学等高等学府也分别建造了各自的船舶拖曳水池,船舶模型试验技术开始在我国得到快速发展。

随着船模试验技术研究的深入,将船舶视为一个整体来进行船舶航行性能的测试已不能完全满足船舶的设计。特别是在大型远洋船舶的设计上,复杂海洋环境所引起的船体结构变形不可避免,而剧烈的波浪冲击所带来的高频结构振动也时常被观察到。因此,除了常规的船舶阻力、推进、操纵性以及耐波性外,船舶在波浪中所受到的载荷也受到了相关设计人员的关注。针对船舶载荷模型,结合测量方式和制作材料的不同,逐渐形成了完全弹性模型和弹性分段模型两种设计思路。学者 Wu 等采用 ABS 塑料板分别设计制作了驳船、驱逐舰和 5-175 集装箱船的完全弹性模型,虽然完全弹性模型在理论上更接近于实船遭遇波浪的状态,但试验过程中发现完全弹性模型难以保持足够的横向刚度以抵抗试验过程中遭受的动态载荷。因此,此种模型试验技术仅在模拟以船舶一阶垂向模态为基础的局部载荷测量上是可行的[2]。学者 Lewis 等则设计了一种分段弹性模型,该分段船模是将整船船模分成数段,在保障外壳流线连续性的条件下通过纵向梁来模拟船体刚度,而船舶模型外壳仅用于传递流体载荷和自身压载。该模型制作相对简单、在整体剖面载荷测量上较为便捷,因此在实际工程领域应用广泛[3]。1989 年,学者董艳秋等针对一艘肥大型船进行了分段模型设计,并将试验测试结果与理论预报相对比,发现实测结果与理论预测基本保持一致[4]。其后,学者林吉如等则利用分段船模试验与理论预报的对比分析指出了超大型油船的波激振动现象[5]。2000 年,学者 Domnisoru 等通过设计实施分段船模试验,进一步研究了散货船在复杂海况下的垂向振动特征[6]。同年,学者 Ramos 等利用分段船模试验总结了集装箱船在不同海洋环境下运动和弯矩波动的特点[7]。2011 年,学者汪雪良和胡嘉俊将船舶模型测试技术推广至高速多体船中,设计并完成了高速三体船的模型试验,实现了横向扭矩、分离弯矩等多体船横向载荷的测量与评估[8-9]。2012 年,学者陈占阳、任慧龙等在超大型高速船舶模型的设计上采用了变截面梁组,通过对比分析验证了搭载变截面梁的分段模型试验的可行性[10]。2015 年,针对超大型油船(VLCC)可能出现的波激振动现象,学者丁军、汪雪良等设计并实施了分段模型载荷试验,相关试验数据为 VLCC 的结构设计提供了技术支持[11]。2016 年,学者焦甲龙等设计了变截面梁大尺度分段模型,并在实际海域进行了模型试验,给出了大尺度船舶模型测试技术的基本步骤[12]。2020 年,学者司海龙、顾学康等人进一步明确了集装箱船扭矩及剪力模型试验的测量方法[13]。

随着试验仪器、数据处理技术等方面的快速发展,船舶模型试验技术日趋成熟,并逐步向智能化转变。当前,人工智能、大数据分析、数值孪生等前沿技术的兴起与发展,也为船舶模型试验提供了新的契机。未来的船舶试验测试技术将不仅仅为船舶的设计提供基本的监测数据,还将与船舶理论仿真的研究、规律现象的反演等方面进一步融合,最终形成一种以虚实融合架构为基础的新型船舶优化方案。在船舶信息化、自动化的条件下,船舶模型试验技术能够更加快捷地实现船舶设计的优化、船舶运动的预报以及船体性能的评估。

1.1.2　船舶模型试验对科学研究的影响

对于船舶性能的研究而言,船舶模型试验往往是必不可少的环节,而进行船舶模型试验的主要目标有以下方面:

①预报规定海况下船舶运动与载荷的大小,论证相关船舶设计方案的可行性;

②获得目前理论难以准确预报的船舶非线性水动力参数值,记录船舶在复杂波浪环境下未能完全解释的运动与载荷特点;

③验证海上船舶施工作业的安全性,提供船舶上仪器安装和作业过程中相关行为特性的可视化证明。

船舶模型试验的最大优点是可以将船模置于人为可控的环境下试验,且可重复进行,不受自然环境的约束和影响,节省人力、物力、时间和经费;而其缺点则是试验与实船的对应上由于尺度效应等因素的影响,使得两者仍存在差异,在应用时须做相应的修正。

自船舶模型试验测试技术形成以来,利用模型试验来评估船舶性能已有 170 多年的历史。与汽车、火车等运载工具不同,船舶往往是以单艘或小批量进行生产的,而船舶的研制过程中众多性能指标却无法通过简单的理论估算确定。特别是在 20 世纪 70 年代以前,由于当时的流体力学理论尚未完善且缺乏高效的计算工具,模型试验几乎是解决船舶相关问题的唯一手段[14]。在当时的船舶快速性研究上,获得实船航行阻力最行之有效的方法便是以相似理论和船模阻力试验为基础的估算方法。而降低船舶阻力、提高推进效率也依赖于大量的船模系列试验数据。因此在这一时期,船舶设计研究机构进行了大量的船舶模型试验,其中较为著名的有英国的 BSRA 船型系列试验、美国泰洛水池的 Todd 船型系列试验、瑞典 SSPA 船型系列试验、英国 NPL 高速艇系列试验。同时,荷兰学者在历经一系列船模试验后进一步完成了 Troost 型螺旋桨系列的性能测试,而日本学者亦通过模型试验完成了 MAU 螺旋桨系列的性能测试。正是通过对于这些性能测试资料的分析总结,从而揭开了船舶与波浪之间相互作用的机理,而早期形成的经验公式和参数图谱也为船舶从业人员能够设计出结构可靠且性能优异的船舶奠定了坚实的基础。在一系列模型试验的促进下,船舶行业在 20 世纪初得到了突飞猛进的发展。20 世纪中后期,随着计算机和信息自动化技术的普及,基于势流理论和黏流理论的数值仿真技术逐渐发展起来[15]。数值仿真研究从简单的柱体在流体中运动预报逐步向复杂船体的运动、载荷、阻力和推进预报等方向扩展。而 Wigly 船、S175 船等典型船型的模型试验研究也进一步验证了相关数值仿真方法的可行性。在数值仿真技术快速发展的背景下,各类船舶与海洋工程流体力学专用软件不断涌现,而相关软件的应用亦减少了船舶模型试验的需求。但船舶模型试验在船舶设计研究中仍被视为一种必要的方法,特别是在新船型的开发上。现有的流体仿真软件能够有效地计算特定理想海洋环境下船舶的运动和受力,但其与真实航海环境下观察到的船舶运动和载荷特点仍有差距。理想环境假定的引入以及数值求解手段的不足被认为是造成现阶段数值仿真无法高精度预报船舶性能的主要原因。由于船舶行业是一个极具耗费人力、物力和财力的行业，在船舶的具体设计制造上往往无法只采用数值仿真结果作为技术支撑，现阶段的理论仿真估算并不能完全使人们信服。而船舶的模型试验由于其本身具有的物理性，使得其在船舶设计和性能评估上仍有一席之地。

目前，采用数值仿真和模型试验结合的方法进行船舶相关领域的研究是较为合理的途径。数值仿真中的关键参数可通过采用模型试验结果统计分析的方式获得，而模型试验的环境变量设计、工况设定也可以利用数值仿真来确定。通过两者结合的优势，相关研究的成果将更加贴近实际。事实上，现阶段的船舶工程中往往采用数值仿真进行船舶的初步设计，当方案成型后将进一步实施船舶模型试验来验证和优化，从而最终形成船舶实际建造方案。

1.2　船舶模型试验环境

1.2.1　模型试验水池的概况

由于船舶模型试验主要发生在室内人工水池中，因此人们常将进行船模试验的场所称为"试验水池"。基于水池的缩尺模型试验也是船舶设计研究领域中最为常见的一种试验方法。在船舶模型试验中，其风、浪、流等环境因素可通过相应的试验仪器进行测量和控制，因此模型试验具有易操作性和可重复性。而控制变量法的应用也使得影响船舶性能的相关因素能够被有效地分析。根据研究对象的不同，这些人工水池可以被简单地划分为船舶试验水池和海洋工程综合水池。船舶试验水池主要是针对有航速船舶性能设计的水池，而海洋工程综合水池则是针对无航速或航速较低的大型海洋平台试验设计的试验场所。当然，海洋工程综合水池并非只适用于大型海洋工程，由于船舶与海洋工程具有相似的原理和性能特征，在海洋工程综合水池中仍可以进行船舶模型的系列试验。此外，船模试验水池按形式和功能又可以进一步分为研究船舶快速性的拖曳水池、研究船舶运动特性的耐波性水池（造波水池）、具有造风和造流功能的风浪流联合水池、研究船舶操纵性的船模回转水池和旋臂水池、研究螺旋桨空泡性能和船尾不均匀流动的试验水筒以及循环水槽。除传统模型试验水池外，由于一些特殊用途的需求，近几年来又出现了浮冰试验水池、出入水试验水池、消声试验水池等。

在船舶模型试验中，最为传统的模型试验水池便是拖曳水池。拖曳水池为长宽比较大的长方形水池，水池一般配备了造波机、拖车、消波板等试验配套装置，从而通过将船模连接在拖车上实现船舶的等速直线运动，如图1.1所示。在船舶静水试验中，通过在模型上安装压力传感器、加速度传感器、运动测量仪以及推进监测装置等即可实现各航行速度下船舶阻力、船舶推力以及螺旋桨转速等参数的测量。而在船舶波浪试验中，则需利用造波机的扰动在水池中制造规则波或不规则波，并在波浪环境下进行船舶模型的航行，进而可以获得船模在波浪中的阻力变化和各项运动指标。

图 1.1　拖曳水池模型试验

　　根据不同船舶模型试验的特点和要求,现阶段的模型试验水池主要可分为以下几种:

　　①拖曳深水池:最为常见的船舶试验水池,其可以实施常规的船模阻力试验、推进器模型敞水试验以及船模自航试验,同时在配备造波机的条件下还可以进行船模在长峰规则波或不规则波中迎浪和随浪等环境工况下的船舶耐波性试验。

　　②拖曳浅水池:此类试验水池较浅,但往往配备相应的水深调节装置。可根据不同的模型试验要求进行试验水深的调节。该水池主要适用于分析浅水效应等水深变化对船舶各项性能的影响。

　　③高速试验水池:此类试验水池的宽度较小,但长度是常规拖曳水池的数倍。该水池配备了可高速运动的拖车,船模可通过拖车带动实现快速航行。该类水池主要是针对滑行艇、气垫船、水翼艇等高速艇模型试验设计而成的。

　　④减压试验水池:此类试验水池在场所内部需要满足密封要求。为了能够达到减小水面空气压力的目标,在密封的水池中进一步配备抽气装置。通过在水池中抽气来降低池水表面的空气压力,使船模试验时除满足弗劳德数与实船相等外,进一步模拟两者的空泡数相等,该类水池适用于发生空泡条件下的模型试验。

　　在模型试验水池中,试验对象除完整的船舶模型之外,如螺旋桨、水翼、舵等局部模型的试验也是可行的。近几年来,随着计算机和测试技术的发展,除传统的船舶快速性和耐波性试验外,计及流固耦合影响的船体结构分段模型试验也在逐年增多,如图 1.2 所示。借助结构加载平台、激振器、耐压试验筒等先进的试验装置,船舶以及船载装备的结构模型试验也相继在试验水池中开展。

图 1.2　船舶结构模型试验

1.2.2 国内外主要的船舶与海洋工程试验水池

由于试验水池在船舶各项性能研究中的重要性,相关领域的众多研究机构和高校建造了一系列模型试验水池。其中,国内外典型的模型试验水池如下:

1.2.2.1 国外模型试验水池

(1)德国汉堡船模水池

德国汉堡船模水池建立于1913年,其长300 m、宽18 m、深6 m。该水池主要用于船舶水动力领域的研究,其所采用的模型测试技术一直影响着模型水动力测试技术的发展。1915年至1929年期间,汉堡船模水池曾为德国海军、两栖飞机等军用舰船进行过多次模型试验。第二次世界大战后,汉堡船模水池曾被搁置和部分拆除。1953年,汉堡船模水池得以重新恢复和扩建,现在仍是全球最著名的船模试验水池之一,如图1.3所示。

图1.3 德国汉堡船模水池

(2)荷兰国家水池

1929年,荷兰海事研究学会(Marine Research Institute Netherland,MARIN)组建,并在后续1932—2001年间建立了拖曳深水池(252 m×10.5 m×5.5 m)、拖曳浅水池、高速试验水池(200 m×4 m×3.5 m)、减压试验水池等一系列的模型试验水池,可开展船舶阻力自航试验、敞水螺旋桨三维伴流观测试验、潜体水翼水动力测量试验、高速船耐波性试验、近海平台下水安装试验、近海结构物稳性试验等众多船舶与海洋平台模型试验,是目前模型试验设备最为全面的水池之一。

(3)瑞典国立试验水池

1939年成立的瑞典海事研究学会,根据船舶设计的发展亦建立了其国家自身的模型水池。瑞典国立船模水池拥有包括拖曳水池(250 m×10 m×5 m)、大型空泡水筒、耐波性与操纵性水池等在内的多种大型试验场所和设备,可进行几乎所有类型的船模试验,如图1.4所示。该水池曾进行过多体船、半滑行艇、滑行艇等高速船模型试验,并通过将试验结果与SEAMAN等软件相结合来分析船舶水动力特性。

图1.4　瑞典国立试验水池

(4)俄罗斯克雷洛夫试验水池

克雷洛夫试验水池是由船舶设计研究所建立的、以俄罗斯克雷洛夫院士名字命名的大型试验水池,该研究所是俄罗斯最大的造船科学研究中心,其主要的试验场所包括拖曳深水池、拖曳浅水池、高速试验水池、耐波试验水池、船模操纵性与空泡试验水池、破冰试验水池等多种试验水池。克雷洛夫试验水池主要服务于俄罗斯相关舰船、海洋工程等海洋结构物的研究工作。

(5)日本国家海事研究协会水池

2010年,日本国家海事研究协会(National Maritime Research Institute,NMRI)建造了能够制造风浪的大型船舶试验水池,此水池长80 m、宽40 m、深4.5 m,如图1.5所示。为了能够更好地模拟船舶在海洋环境下的运动和载荷状态,在水池的四周安装了可独立调节的382块造波板,从而实现了三维短峰波浪、斜向波浪等复杂波浪的模拟。同时,该水池还配备了造风系统,该系统可制造最大风速为10 m/s的阵风。水池所装配的拖车亦可实现船舶三自由度的运动,其中拖车沿水池长度方向速度可达3.5 m/s、沿水池宽度方向的速度可达3.0 m/s,并可以实现绕水池中心的旋转运动。

图1.5　NMRI耐波性水池

(6)英国南安普敦大学船舶拖曳水池

2014年,英国南安普敦大学筹建了船舶拖曳水池。该新型拖曳水池长138 m、宽6 m、深3.5 m。水池配备了铰接式推板造波机,此造波机可制造的最大规则波高为0.5 m,可模拟的波浪周期范围为0.8~3.5 s,如图1.6所示。该水池亦配备了高速拖车及其控制系统,船舶模型通过牵引绳可实现匀速直航,模型最大航速可达12 m/s。此外,在拖车的下方安装了基于粒子图像测速技术(Particle Image Velocimetry,PIV)的流场记录装置和跟踪式运动摄像系统,能够有效捕捉甲板上浪、船首砰击等瞬态现象。该水池主要用于开展各类型的船舶及离岸结构物的水动力学性能试验。

（a）推板式造波机　　　　　　　　（b）拖曳水池

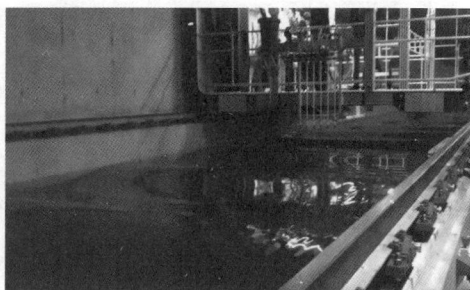

图 1.6　南安普敦大学船舶拖曳水池

（7）英国爱丁堡大学新型波浪模拟水池（FloWave 水池）

2014 年，英国工程与物理科学研究委员会和爱丁堡大学耗资 950 万英镑建造了新型波浪模拟水池（FloWave 水池），如图 1.7 所示。该水池采用圆形设计，所形成的波浪不会发生任何反弹，进而更加真实地模拟了船舶以及海洋平台在恶劣海洋环境中可能遇到的波浪。FloWave 水池的直径达约 25 m、深约 5 m，可蓄水 240 万 L，并可模拟最高 92 ft（1 ft＝0.304 8 m）的波浪以及最快流速 14 kn 的水流。该设施目前主要用于检测浮动海上风力发电平台和船只在潮汐等复杂海洋环境下的性能。

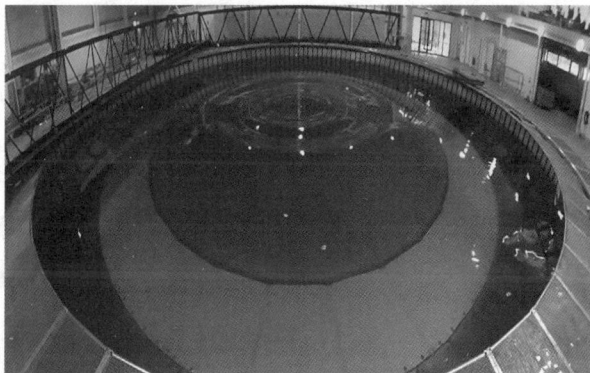

图 1.7　FloWave 水池

1.2.2.2　国内模型试验水池

在国外船舶试验测试技术发展的同时，中国船舶科学研究中心、哈尔滨工程大学、上海交通大学、大连理工大学、江苏科技大学、大连海事大学等国内各大科研院所和高校也进行了相关模型试验水池的建设。

（1）中国船舶科学研究中心试验水池

1954 年，根据我国对于船舶设计与性能评估的需要，船舶模型试验研究所（中国船舶科学研究中心的前身）建成了中国国内第一座拖曳水池。其后，为了能够进一步满足不同船型、不同性能指标的需要，中国船舶科学研究中心又先后建立了操纵性旋臂水池、耐波性水池、减压试验水池等多种试验平台，如图 1.8 所示。该研究中心通过对不同舰船进行模型试验，有效地指导和评估了我国各类舰船的设计与制造。

（a）拖曳水池　　　　　　　　　　　（b）耐波性水池

图 1.8　中国船舶科学研究中心试验水池

（2）哈尔滨工程大学试验水池

哈尔滨工程大学船模拖曳水池源于 1953 年的中国人民解放军军事工程学院（哈军工）海军工程系重力式船模拖曳水池实验室，如图 1.9（a）所示。其船模拖曳水池建于 1987 年，长 108 m、宽 7 m、深 3.5 m，是国际拖曳水池会议（ITTC）正式成员。该船模拖曳水池除拥有拖曳水池外，配备拖车系统、水池造波系统、四自由度适航仪、数据采集仪、三维 PIV 测试系统等船舶领域的先进试验设施，便于开展船舶流体与性能领域的各类试验研究。拖车速度最高可达 6.0 m/s，造波系统最大可造 0.3 m 高的规则波和 0.32 m 高的不规则波。为了满足深水海洋工程、船舶多浪向耐波性以及水下机器人技术等研究的需要，哈尔滨工程大学又建立了综合试验深水池，如图 1.9（b）所示。该水池长 50 m、宽 30 m、高 10 m，属于大深度的宽型水池。该水池配备了多方向造波系统、X-Y 航车、局部造流装置等专用试验设备。其中，X-Y 航车沿着水池长度方向最大速度可达 2 m/s，而沿着水池宽度方向最大速度可达 3 m/s。综合试验深水池可为船舶和水下机器人的控制、避碰、作业、特殊机动等科目提供可靠的物理仿真环境。

（a）拖曳水池　　　　　　　　　　　（b）综合试验深水池

图 1.9　哈尔滨工程大学试验水池

（3）上海交通大学试验水池

为了实现我国船舶自主设计，上海交通大学于 1958 年筹建了船模拖曳水池，如图 1.10（a）所示。该水池长 110 m、宽 6 m、深 3 m，拖车最大速度 6 m/s。该水池除配置适航仪、数据采集仪等常规试验测试仪器外，还装备了冲箱式造波机，此造波机可造的最大波高为 0.3 m。

上海交通大学拖曳水池主要用于船舶阻力试验、螺旋桨敞水试验和船舶耐波性试验等。

2004年,为进一步推进我国深海波浪环境下船舶与海洋工程的研究,上海交通大学进一步建立了综合试验深水池,如图1.10(b)所示。该水池长50 m、宽40 m、深10 m。此综合试验深水池具备制造三维不规则波浪、飓风、奇异波浪等深海地区海洋环境的模拟能力,从而能够完成深水半潜平台、张力腿平台、FPSO、FLNG船等在深水环境下的性能预报、结构设计与优化工作。

（a）拖曳水池　　　　　　　　　　　　（b）综合试验深水池

图1.10　上海交通大学试验水池

(4)大连理工大学试验水池

大连理工大学船模试验水池于1984年建成并投入使用,水池长170 m、宽7 m、深4 m,如图1.11所示。该水池配备了造波机和固定式浪高仪,可以模拟规则波、不规则波等长峰波浪,最大可造波高为0.4 m。同时,该船模试验水池拥有最高速度为8 m/s的双轨式拖车,通过在拖车上安装四自由度适航仪,可实现船舶的升沉、纵摇、横摇、阻力等相关运动和载荷性能的测试。该水池长期用于船舶快速性、船舶耐波性以及船舶流固耦合领域的研究工作,其亦是国际拖曳水池会议(ITTC)正式成员。

图1.11　大连理工大学试验水池

(5)江苏科技大学试验水池

为了满足江苏、福建等南方沿海地区船舶水动力性能测试的需要,江苏科技大学建立了船模拖曳水池,如图1.12所示。该水池全长100 m、宽度6 m、最小水深0.3 m、最大水深2 m。为实现船模的自主航行,该水池配备了双轨式拖车,拖车行程100 m、最高车速6 m/s、最低车速

0.03 m/s。此外,该水池亦安装了推板式造波机,可模拟频率范围为 0.2~1.6 Hz 的二维规则波浪和不规则波浪,有效波高最大可达 0.3 m。此模型试验水池主要用于船舶阻力、船舶耐波性等领域的性能测试工作。

（a）拖曳水池 　　　　　　　　　　　　（b）推板式造波机

图 1.12　江苏科技大学试验水池

（6）大连海事大学试验水池

为了指导复杂海洋环境下的救助打捞工作,大连海事大学组建了救助与打捞工程重点实验室,并筹建了试验水池,如图 1.13 所示。该水池长 50 m、宽 30 m、深 5 m,同时配备了球形造浪系统、天车系统、循环水槽、水压测试系统等关键试验设备,并搭载了救助船六自由度运动模拟平台、海空立体救助模拟训练平台、海上救助搜寻装备平台等众多试验平台,从而为海上救助搜寻、船舶操纵性能测试以及多船避碰控制等相关领域的技术验证和装备研发提供试验条件。

图 1.13　大连海事大学试验水池

1.2.3　试验水池的主要设施

由上述船舶模型试验水池的介绍可知,水深调节系统、造波系统、造流系统、造风系统是典型模型试验水池主要的试验设施,其直接体现了该水池对真实海洋环境模拟的能力。

（1）水深调节系统

船舶远洋航行时由于其周边水域的深度不固定,且不同海域的水深跨度较大,因此能够有效模拟不同水深的海洋环境是船舶模型试验水池需要满足的一个重要需求[16]。目前,国际上主流的模型试验水池主要采用可升降的假底机构来实现试验水池水深的变化。布置于水池底部的假底机构由钢材、玻璃钢或混凝土浮箱连接组合而成,其机构的浮力大于自身重力。假底机构由多根钢缆固定,通过调节钢缆长度即可控制假底机构的上浮和下沉,从而实现水池水深的改变。除利用可升降假底机构来调节水深外,在一些综合试验深水池中往往还设置一定区域的深井,深井区域可用于模拟深海长期系泊的生产作业船舶,如浮式储卸油船、浮式液化天然气储卸船等。同样,在深井区域亦可以设置可升降的假底机构,用于控制深井区域的水深。

（2）造波系统

对于船舶耐波性试验而言,模型试验水池的造波能力是试验设计中重要的考量环节。其中,水池造波系统的核心装置,即造波机,对于船舶水动力性能的测量起到了至关重要的作用。现阶段的造波机主要有如下装置:

①摇板式造波装置

摇板式造波装置是以摇板机构为基础的造波设备。摇板机构主要由框架式板块结构和其下缘的固定支座构成。固定支座与板块结构铰接。在制动装置的驱动下,摇板机构将围绕铰接点做类似钟摆的往复摆动。这种往复运动将使得板块结构周边的水面上下起伏,从而形成波浪。通过调节摇板机构的周期和摆幅,不同频率和波高的波浪将逐步形成。摇板式造波装置原理简单且结构轻便,比较适合不规则波浪的模拟。

②活塞式造波装置

活塞式造波装置则是在水池的末端安装类似活塞的推板机构。在制动装置的带动下推板机构将做往复活塞运动,从而使水池中的水面产生起伏波浪。通过调节推板机构运动的周期和冲程,可以实现不同频率和波高的波浪模拟。该种造波装置主要适用于浅水池的造波。

③冲箱式造波装置

冲箱式造波装置主要是利用冲箱的垂向运动对水面的扰动来模拟上下起伏的波浪。其核心机构为垂直向下呈抛物线形的楔形箱体结构[17]。通过与制动装置相连接,箱体结构能够按照设置的周期和幅值进行上下运动。在箱体结构的扰动作用下水面最终将产生一定频率和波高的波浪。冲箱式造波装置的优势在于结构简单、维修方便。但由于冲箱垂向运动时惯性较大,其工作效率不高。

④空气式造波装置

空气式造波装置主要是依托于一系列可控制气量的空气罩。空气罩的下端设有一个开口,并埋入水中,从而使得罩内外水能够连通。通过调节空气罩上端的空气泵,可以控制空气罩内部的空气量变化,从而引起罩内水面压力的变化。罩内外水面压力的不同将使得水面产生起伏,从而形成波浪。空气式造波装置在无接触的情况下可实现水面的上下起伏,同时通过空气泵亦能方便地调节波高和周期。但其结构相对复杂,对于空气泵的控制要求较高,效率相对较低。

⑤蛇形造波装置

蛇形造波装置又被称为多单元造波机,其是由多个摇板机构单元组合而成的。每个摇板机构均可采用摇板式造波装置的原理来制造波浪。与传统造波装置不同,蛇形造波装置可实现斜向波浪和三维短峰波的模拟。当所有摇板机构单元在相同频率和摆幅且无相位差的条件下进行往复运动时,其产生的效果与传统摇板式造波装置相同,可实现二维长峰波的制造。而当摇板机构单元以特定的相位差进行往复运动时,又可实现斜向波浪的模拟。蛇形造波装置较之传统造波装置而言,该造波装置可实现复杂波浪的制造,但其对于摇板机构单元的协调控制要求严格,维护成本较高。

(3) 造流系统

在船舶远洋航行时,其航行水域的流动也常常受到船舶设计人员的关注。因此,在船舶模型试验水池中往往会配备相应的造流系统[18]。现阶段主要的造流系统有池内循环式造流系统、假底循环式造流系统和池外循环式造流系统。

①池内循环式造流系统

池内循环式造流系统主要依赖于一种配备了多个喷嘴的局部造流装置,该造流装置可在水池内任意移动。造流系统通过此造流装置上均匀分布的喷嘴所喷射出的高速水流来模拟指定区域的均匀稳定流。该装置可根据实际需求调整至任意水深和任何朝向,所以采用池内循环式造流系统进行造流相对便利。同时,造流系统通过控制喷嘴的喷射量即可实现海流速度的调节。但由于局部造流装置自身大小的局限性,使得其难以保证流场边界的均匀性与稳定性。

②假底循环式造流系统

与水深调节系统类似,假底循环式造流系统也借助了可升降的假底机构[19-20],并在假底机构下方进一步安装了多个喷嘴。造流时,水泵将水由水池一侧吸出并从水池另一侧加压喷出,从而促使水池内的水流动。同时,造流系统调节假底机构的喷嘴流量,从而使得该区域的水流围绕假底进行内循环。此时,在假底的上方将出现一个稳定的回流,这个均匀且稳定回流即是试验水流区域。而该水流的流速可通过水泵控制器进行调节。采用假底机构来进行造流,其水流相对稳定,但水流形成区域有限且无法模拟深水流和剖面流。

③池外循环式造流系统

池外循环式造流系统则是利用水泵和导流管在水池周边设置了一个水循环装置。该装置将水从水池一侧抽出并通过导流管将水从水池另一侧灌入水池中,从而使水池水产生流动。水池与其外部的导流管道形成了一个完整的循环通道。同时,在进水和出水口安装整流装置,使水流能够均匀进入水池,从而在水池中形成稳定均匀流。为了模拟随水深改变而变化的垂向流速剖面,造流系统可沿深度进一步分成多个独立层,并通过在各独立层设置水流出入口来实现不同独立层内水流速度的调节。在池外循环结合垂向分层的设计下,水流在不同水深下的流速变化可以被实现。池外循环式造流系统可实现大范围的稳定流,但在水池设计建造上较为复杂,相关仪器的维护成本较高。

(4) 造风系统

在恶劣海洋环境下,船舶上层建筑所遭受的风力对于船舶的安全运营有一定的影响。为了能够有效地测量船舶的风载荷,模型试验水池往往会配备相应的造风系统。传统的造风系统由风机、交流电机、变频仪、风速仪以及数据采集器构成。多个风机被均匀地安装在水池上方的桁架上。多风机的同步启动可以形成覆盖水池水面的稳定风场。而在控制系统中调节风机转速即可获得定常风和非定常风。此外,通过同步转动风机亦可实现风向的改变。与池内循环式造流系统类似,此类型的造风系统难以保证风场边界的均匀性与稳定性。因此受风模型应尽量安装在风场中部。

参考文献

[1] 戴仰山,沈进威,宋竞正.船舶波浪载荷[M].北京:国防工业出版社,2007.

[2] WU Y S, CHEN R Z, LIN J R. Experimental technique of hydroelastic ship model[C]. Proceedings of the 3rd International Conference on Hydroelasticity, Oxford,2003.

[3] LEWIS E V. Ship model tests to determine bending moments in waves[J].SNAME Transactions, 1954, 9(1):1-43.

[4] 董艳秋,林维学,朱建国.浅吃水肥大船波激振动研究[J].中国造船,1989(1):76-83.

[5] 林吉如.超大型油船波激振动研究[J].船舶工程,1995(2):4-9.

[6] DOMNISORU L, DOMNISORU D. Experimental analysis of springing and whipping phenomena [J]. University of Galati, Romania, 2000, 47(450):129-140.

[7] RAMOS J, INCECIK A, GUEDES SOARES C. Experimental study of slam-induced stresses in a container ship[J]. Marine Structures, 2000, 13(1):25-51.

[8] WANG X L, HU J J, GU X K, et al. Comparative studies of the transverse structure design waveloads for a trimaran by model tests and rule calculations[J]. Journal of Ship Mechanics, 2011,15(3):269-275.

[9] 汪雪良,顾学康,祁恩荣,等.船舶波浪载荷预报方法和模型试验研究综述[J].舰船科学技术,2008,30(6):20-28.

[10] 陈占阳,任慧龙,李辉,等.超大型船舶变截面梁分段模型的载荷试验研究[J].哈尔滨工程大学学报,2012,33(3):263-268.

[11] 丁军,汪雪良,胡嘉骏,等.超大型 VLCC 波激振动和砰击振动模型试验研究[J].船舶力学,2015,19(Z1):144-151.

[12] 焦甲龙,任慧龙,孙树政,等.实际海浪环境中大尺度模型波浪载荷试验技术研究[J].中国造船,2016,57(1):50-58.

[13] 司海龙,顾学康,胡嘉骏.集装箱船扭矩及剪力模型试验测量方法:英文[J].船舶力学,2020,24(12):1657-1667.

[14] 杨建民,肖龙飞,盛振邦.海洋工程水动力学试验研究[M].上海:上海交通大学出版社,2008.

[15] 张立,杨侪林,周传明,等.标准船模的 CFD 多维度仿真与拖曳水池试验对比[J].船海工程,2020,49(1):48-51.

[16] 唐勇,徐剑,茅宝章.船舶与海洋工程试验水池工艺设计[J].舰船科学技术,2015,37(S1):143-148.

[17] 高伟.液体载货船运动响应的模型试验研究[D].大连:大连理工大学,2008.

[18] 李俊.海洋深水池波浪模拟性能研究[D].上海:上海交通大学,2016.

[19] 李玉刚.深海工程试验水池造流装备研究[J].新型工业化,2014,4(8):9-14.

[20] 付高勇.海洋工程水池可升降浮底强度分析[D].大连:大连理工大学,2018.

第2章 船舶模型的设计与制作

对于船舶模型试验而言,船舶模型的设计与制作至关重要,其影响船舶试验的成功与否以及测量结果的精度。因此,本章从模型试验的基本设计原理、模型总体设计、船体梁设计、模型质量调配与检测、船模自航推进及航向稳定控制系统的设计、船舶模型特性测试以及模型试验工况设计等多个方面对船模试验中的模型设计进行了全面的介绍,使读者能够通过相关设计的内容汲取经验,提升船模试验设计的能力,促进船舶试验技术的发展。

2.1 模型试验的基本设计原理

为了让船舶模型能够真实可靠地反映船体的运动和载荷状况,在船舶模型的设计之初,需要参照相似理论的各项准则[1-3]。按照通常适航性船模试验的要求,船舶模型需要满足以下相似条件:

(1)几何相似。依据试验水池的条件,按选定合适的缩尺来满足模型与实船的几何相似。船模除应具有船舶外形几何形状的相似外,船模运动的特征也应相似于实船,故水池造波要素(波长及波高)亦按缩尺比选定。

(2)流体动力相似。通过实船与模型的弗劳德数 $Fr = v/\sqrt{gL}$ 相等,可确保船舶模型与实船的流体动力相似。弗劳德数 Fr 是表征流体惯性力和重力相对大小的一个无量纲参数,在惯性力和重力起重要作用的流动中,欲使两几何相似的物体满足动力相似条件,则必须保证模型和实物的弗劳德数相等[4]。

(3)运动相似。根据实船与模型的斯特劳哈尔数 Sr 相等,即实船与模型在波浪遭遇周期 T_e 与船舶的纵摇固有周期 T_θ 的比值上不变,可满足实船与模型的运动相似。斯特劳哈尔数是区域惯性力与对流惯性力的比值,它反映了流体流动随时间变化的特征,是研究非稳定流动和脉动流动的重要相似准则。当船舶模型在迎浪规则波中行驶时,其波浪遭遇周期为

$$T_e = \frac{\lambda}{v + C_w} = \frac{\lambda'}{Fr(g)^{1/2} + \left(\frac{g\lambda'}{2\pi}\right)^{1/2}} L^{1/2} = K_1 L^{1/2} \tag{2-1}$$

式中:$\lambda = \lambda' L$ 为波长;$C_w = \sqrt{g\lambda/2\pi}$ 为波速;$v = Fr\sqrt{gL}$ 为航速;L 为船长;K_1 为有因次的系数。

当给定船舶的纵向转动半径 k 与船长 L 的比值后,其纵摇固有周期为

$$T_\theta = \frac{2\pi k}{\sqrt{g\,GM_L}} = K_2 L^{1/2} \tag{2-2}$$

式中：K_2 为有因次的系数；$\overline{GM}_L$ 为纵稳心高度。众所周知，以上三个条件是船模在水池适航性试验的相似关系。

（4）结构动力相似。在保证水池适航性要求的同时，对于波浪载荷试验而言，还需要满足结构动力相似的要求[5]。将模型的船体梁视为两端完全自由的变截面梁，对梁的强迫振动微分方程进行无因次化，从而获得相应的相似准则，实现船舶模型与实船的结构动力特性相似。在忽略梁的剪切、转动惯量以及阻尼等因素的影响下，垂向弯曲变形的强迫振动方程可以表示为

$$EI(x)\frac{\partial^4 y}{\partial x^4} + m(x)\frac{\partial^2 y}{\partial t^2} = P(x,t) \tag{2-3}$$

式中：$P(x,t)$ 为船舶遭受波浪的载荷分布（单位长度的作用力）；$m(x)$ 为单位长度的质量（在湿模态下包含附连水质量）；$I(x)$ 为船体剖面惯性矩；E 为船舶结构材料的弹性模量。

为了保证模型与实船的动力特性相似，实船遭受的波浪外载荷按欧拉数 Eu 相等进行换算，欧拉数具体表达式如下：

$$Eu = \frac{P}{\dfrac{1}{2}\rho v^2} \tag{2-4}$$

用 $x=\xi L$、$y=\eta L$ 和 $t=t'T_\theta$ 来代替微分方程式（2-3）中的位移和时间变量，并在等式左右两边分别除以 $\rho L^3/T_e^2$，从而可以获得船体梁强迫振动的无因次微分方程，其具体表达式为

$$f(\xi)\frac{\partial^4 \eta}{\partial \xi^4} + h(\xi)\frac{\partial^4 \eta}{\partial t'^4} = P'(\xi,t') \tag{2-5}$$

式中：$P'(\xi,t') = \dfrac{K_1^2}{\rho L^2}P(x,t)$，由模型和实船的流体动力相似来保证；$h(\xi) = \dfrac{m(x)}{\rho L^2}\left(\dfrac{K_1}{K_2}\right)^2$，即实船与模型的 $\dfrac{m(x)}{L^2}$ 相等；$f(\xi) = \dfrac{K_1^2 EI(x)}{\rho L^5}$，即实船与模型的 $\dfrac{EI(x)}{L^5}$ 相等。

上述结构动力相似特性，虽未考虑剪切、转动惯量及阻尼对振动的影响，但通过国内外学者的理论计算与多次试验对比显示，其载荷试验的结果仍具有较高的可靠性。总结上述根据相似理论推导出的相关结果，可知船舶模型试验应该满足的主要相似关系如下：

①实船与船模航行时的波浪要素相似；

②实船外形与船模外形几何相似；

③实船与船模沿船长和船宽的重量分布以及转动惯量（或转动半径）相似；

④实船与船模的弯曲振动频率和振动形式相似。

而船模与实船的力学相似关系可参见表 2.1。

表 2.1　船模与实船的力学相似关系表

项目	实船与船模的尺度关系	适用参数
线性尺度	λ	船舶主尺度、重心纵向和垂向位置、线性运动幅度、波高及波长等
面积	λ^2	船舶纵剖面、水线面、横剖面面积
体积	λ^3	船舶排水体积、排水量
角度	1	船舶倾角、摇摆角、波倾角
线速度	$\sqrt{\lambda}$	航速、船舶运动速度、波速
角速度、频率	$1/\sqrt{\lambda}$	船舶运动频率、固有振动频率、波浪遭遇频率
周期	$\sqrt{\lambda}$	波浪周期、船舶运动周期
线加速度	1	垂荡、纵荡、横漂加速度
角加速度	$1/\lambda$	纵摇、横摇角加速度
沿船长每单位长度质量 $m(x)$	λ^2	模型分段质量
抗弯剖面模数 $W(x)$	λ^4	分段剖面模数
抗弯剖面刚度 $EI(x)$	λ^5	分段剖面刚度
弯曲挠度	λ	模型挠度
流体介质密度	γ	流体密度(考虑海水和水池中水的密度的不同)
应力	1	梁应力(按缩尺四次方设计)
排水量	$\gamma\lambda^3$	模型排水量(考虑海水和水池中水的密度的不同)
压力	$\gamma\lambda$	波浪压力、冲击压力
剪力	$\gamma\lambda^3$	考虑海水和淡水密度的不同
弯矩	$\gamma\lambda^4$	考虑海水和淡水密度的不同

对于除表之外模型与实船其他物理量之间的转换关系,亦可以用质量、长度和时间的基本因次求得。

2.2　模型总体设计

模型总体设计,顾名思义就是对船模进行一个总体的布局设计。总体设计往往结合试验的目标,综合考量船模试验中各个方面的影响,其是一个船模试验中最为基本的、也是最为重要的综合性设计方案。合理的总体设计将能够有效地提升船模设计与制造的整体效率,而模型总体设计的失误则会出现船模制作过程中局部构件安装困难,甚至无法合理布置等问题,从而导致重复修改与制作船舶模型,最终浪费试验时间与试验材料。

为了能够详细地展现船模设计的过程,本节从模型外壳体设计、水动压力监测位置的设计与安装、模型分段规划与拼接、模型搬运与安装等多个方面进行阐述。

2.2.1　模型外壳体设计

模型的外壳体是承担水浮力以及波浪冲击力的主要载体,其设计对于船舶浮态的调整以及后续的运动测量十分关键。而模型外壳体设计主要从模型材料的选择、外壳形状的模拟和外壳厚度的设计这三个方面进行考量。

对于普通船模试验,模型的外壳主要采用防水性较好的木材或玻璃钢制作,如图2.1所示。木质船模的制作成本低、加工较为简单,在早期的船模试验中使用较多。但木质船模对于存放的条件有着严格的要求,由于潮湿、木腐菌等因素的影响,木质船模往往不宜长期存放。同时,由于木材弹性模量相对较高,使得其无法有效地模拟船舶在波浪中的变形现象。因此,目前的木质船模主要应用于船舶推进和阻力试验。除了木质船模以外,玻璃钢是现阶段制作船模外壳的主要材料。玻璃钢,学名纤维增强塑料(Fiber Reinforced Plastics, FRP)。它是以玻璃纤维及其制品(玻璃布、带、毡、纱等)作为增强材料,以合成树脂作基体材料的一种复合材料。其具有质地轻、强度高、耐腐蚀、绝缘性好、绝热性高、可塑性强等优点,目前被大量应用于制作船舶模型壳体。

图2.1　船舶模型外壳

船模外壳按照缩尺比保证几何外形的相似,尺度误差控制在1 mm范围以内[6]。如采用玻璃钢制作船模外壳,船壳厚度控制在3~5 mm,砰击较剧烈的船首部位可以适当加厚,如图2.2所示。由于船模的重量有限制,在船壳的设计上需要利用船模的表面积进行船壳重量估算,以便控制船模整体的质量分布。

图2.2　船舶模型外壳的设计与制作

2.2.2　水动压力监测位置的设计与安装

为了能够了解船舶在波浪中航行时所受到的波浪冲击,在船舶模型外壳上需要布置一些水动压力传感器[7]。在船舶上建议采用具有微型接触面端口的传感器。水动压力传感器在船首区域安装前要通过理论计算来确定测点的位置和个数,并根据传感器形状来设计加工配套的铜套。在首部安装时要尽量让铜套端口与船壳外表面平齐,保证船壳的光顺。图 2.3(a)给出了一种微型压力传感器,其中不锈钢材质的微压力传感器监测端口为具有外螺纹的小型圆柱体,直径为 5 mm,长度为 13 mm。在压力监测位置处一系列带内螺纹的铜套管被嵌套在模型外壳的内部,通过与监测端口的外螺纹啮合从而将监测传感器固定。图 2.3(b)为微型压力传感器的安装形式。这些传感器的工作温度一般为−20~80 ℃。此外,在开始模型试验之前,需要进行压力传感器的校准试验。

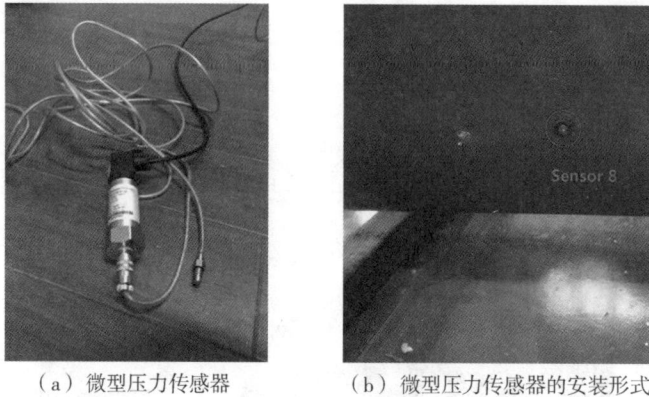

（a）微型压力传感器　　　　　　（b）微型压力传感器的安装形式

图 2.3　微型压力传感器的设计与安装

2.2.3　模型分段规划与拼接

为了测量船舶在波浪中的弹性变形,在船舶模型的设计中需要对船舶整体进行切割,将其分成数个分段,从而使得船舶能够实现中拱和中垂的往复运动[8-9]。在模型分段数目设计上,一般来说,可以按照实船图纸中的两站为一个独立分段,并尽可能沿船长均匀分段,从而使船体梁能够有效地贯穿首尾。同时,在船模分段的处理上考虑到后续船体梁安装固定的问题,首尾两段的长度可适当增大一站到半站的距离。自航模型由于尾段需要较大空间用于布置推进装置,一般可分为 7 段,如图 2.4 所示;拖航模型无须布置推进系统,则沿船长分成 9 段,如图2.5 所示。模型的分段设计相对灵活,在一些特殊船舶模型上可根据需求增减分段数目。

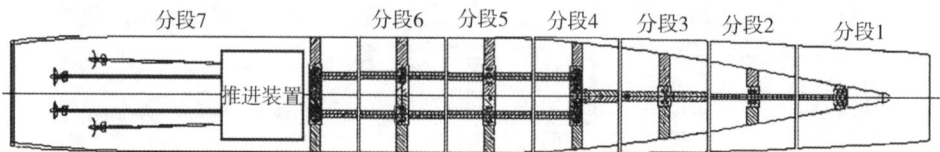

图 2.4　自航模型

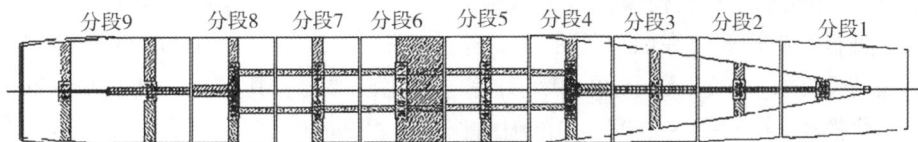

图 2.5 拖航模型

在模型各分段间距的考量上,为避免船体梁在试验过程中由于发生弹性变形而使分段端部相碰,一般船舶模型分段间距可设计为 10 mm;对于尺度相对较大的船模分段间距可适当增大到 15~20 mm。船模在加工时,应在相邻两分段的肋板上同时打孔,以便组装。将船模分段按顺序放置在水平工作台上,放置船模时要保证船舶的外形光顺。在船壳形状变化较大的分段处,可采用相应的支架进行支撑,从而保持其水平摆放。接着,在摆放的船模上安装定制的带孔肋板,并利用高强度螺丝来固定两个分段的相对位置。定制的船模分段肋板如图 2.6 所示。

图 2.6 定制的船模分段肋板

在分段的拼接过程中,同样也需要进行夹具和船体梁的预安装。预安装时,需要保证船体梁中心位于船模中纵剖面上。考虑到由船体梁预应力而导致的模型分段外形拼接不光顺,在船体梁预安装完成后,需要再次松动肋板的螺丝,并调整局部分段位置直至外壳光顺。分段模型组装如图 2.7 所示。

图 2.7 分段模型组装

对于分段模型,需要对各个分段进行密封。而密封技术上主要考虑密封槽的设计、密封条的选取以及船模外壳密封的工艺。在模型制作期间需在分段的两端开设密封槽,每端槽宽约 30 mm,槽深建议 2 mm。在密封条的选取上,一般采用硅胶板为密封材料,厚度约为 0.5 mm,大尺度船模可适当加厚到 0.8~1 mm。在密封条的形状上,可采用 CAD 软件在船体外壳模型上量取各个分段剖面的周长,并将硅胶板剪裁成条状。硅胶板的长度一般是在分段周长的基础上增加 200 mm 的裕度。在考虑传统船模分段间距 10 mm 的条件下,硅胶板宽度可选取 70 mm。硅胶板剪裁完成后,需要进一步在船模密封槽测试是否能完全贴合。为保证分段密封的光顺度,对于小型船模可将模型倒置进行密封处理;对于大型船模则应由钢架支起,制作人员在钢架下进行密封作业。在船模外壳分段密封的工艺上,推荐采用704硅橡胶。704硅橡胶是一种黏结性好、高强度、无腐蚀的单组分室温硫化硅橡胶。其具有优良的水密性、电绝缘性以及耐老化性能,可在−50~250 ℃的范围内长期使用。同时,硅胶具有一定弹性和延展性,从而能有效地模拟船舶在波浪中的船体变形。在船模外壳的拼接上,制作人员可将704硅橡胶涂抹于密封槽中并将硅胶板附在密封槽上。在硅胶板贴合过程中需要注意清除密封槽内的气泡,从而使硅胶板能够完全与704硅橡胶黏合。在硅胶板贴合后仍需进行约15 h的风干处理。同时,制作人员将仔细检查硅胶板贴合中是否存在气泡;如发现气泡则及时进行补胶。通过上述密封处理即可保证船模各分段间的水密性。图2.8给出了模型分段密封处理前后的对比。

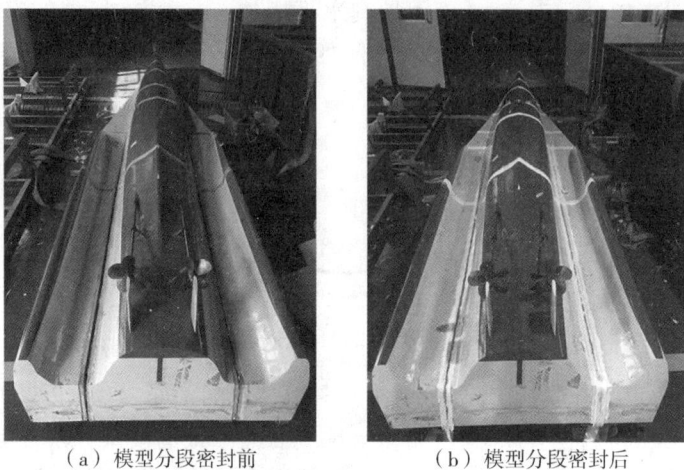

（a）模型分段密封前　　　　　　　（b）模型分段密封后

图2.8　模型分段密封处理前后的对比

2.2.4　模型的搬运与安装

由于玻璃钢材质较轻,单一模型外壳的分段可直接利用人工搬运。但在整体船模拼接完成后,模型的搬移过程中应避免局部分段受力而引起的船模变形。同时,考虑到船舶模型的横截面为深V形或者U形,整体船模也无法直接安放在平直的地面上。因此,在试验实施前试验人员往往需要设计一系列与船舶模型相匹配的托架来安放船舶模型,进而避免在运输和移动过程中可能对船舶模型造成的损伤。图2.9给出了一种传统船模的托架形式。

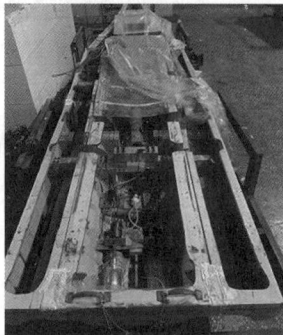

图2.9　传统船模的托架形式

在船模托架的设计中,首先要保证托架的刚性;其次要确保托架设计符合船模轴对称,对称中心即为船模重心纵向位置。事实上,不同船模由于其横截面形状的不同,使得传统的船模托架不具有通用性。随着模型试验的频繁实施,模型托架不得不重复设计。这种往复托架设计造成了资源的浪费,延长了模型试验的周期。本节进一步介绍了一种采用特殊支撑架的船模托架装置,其托架能够适应不同的船舶模型,通用性较好,避免了重复设计,节约了资源,提高了模型试验的效率。新型托架的设计如图2.10所示。

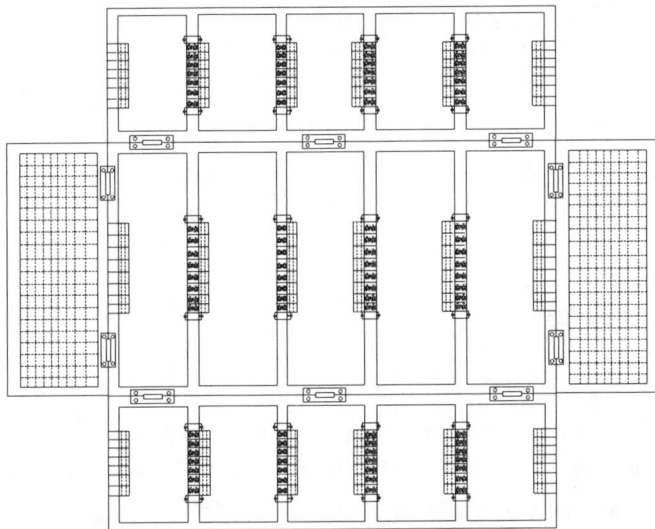

图2.10 新型托架的设计

在托架中部区域采用两种支撑架结构作为船模的固定,如图2.11所示。固定支撑架的底部被焊接在支撑骨架上,无法左右移动,其位置位于托架中心线上。固定支撑架除能够有效支撑船模外,也起到了固定船模位置的作用。同时,在托架两侧安装了多个可移动支撑架。此支撑架利用侧向滑轮和纵向滑轮进行左右移动,从而可根据船体外壳宽度的变化调整到合适的位置。在位置确定后,移动支撑架可利用夹具来固定。通过旋转夹具两端的螺钉,夹具将与凹形骨架进一步固定,从而达到锁死可移动支撑架的目的。由于船体外壳形状多变,不同横向位置的外壳高度有所变化,因此需要调节可移动支撑架和固定支撑架的高度,使其满足船模不同截面的外壳曲线。在可移动支撑架和固定支撑架的设计上,支撑架的高度可通过旋转具有止逆功能的棘轮机构来控制支撑齿条实现,最终使得支撑顶架贴合在船模外壳上。由于棘轮机构内环有止逆棘轮,使得齿轮只能进行单向转动,因此齿条只能单向向上移动,从而保证了可移动支撑架和固定支撑架在支撑船舶模型时不会滑落。船舶模型被放入托架中央区域后,试验人员通过旋转合页使左右舷侧骨架和前后、首尾阻拦区域竖立,并利用夹具进一步固定支持舷侧和首尾支架,从而最终达到固定船舶模型的目的。需要注意的是,搬运船模前需将压载块从分段中移出,压载块应单独搬运。在船模放置过程中,试验人员可采用小型龙门吊调整船模和托架的相对位置来保证两者重心重合,并使用绥带进行固定工作。

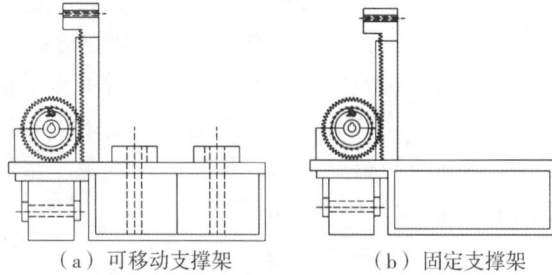

（a）可移动支撑架　　　　　　　　（b）固定支撑架

图 2.11　托架的支撑架设计

2.3　船体梁设计

2.3.1　变截面梁的种类和作用

对于分段模型而言，船模的各分段需要由船壳内部的船体梁来连接。然而船舶结构沿船长方向上不同位置的刚度并不一致，因此在将实船结构等效为船体梁时，不同位置的等效梁不尽相同。为了更好地模拟实船刚度分布并真实地重现船体在波浪中的弹性振动变形，模型设计上往往采取一系列横截面不同的刚梁来拼接船体梁，而这些横截面不一致的刚梁又被称为变截面梁。

变截面梁一般采用矩形管状或圆环形结构，如图 2.12 所示。这种设计不仅可以减轻船体梁质量，并且能够有效地模拟实船弯曲刚度和扭转刚度，从而使模型在试验中的结构变形更接近真实的船体结构情况[10-11]。在设计变截面梁时，保持其内壁宽度和高度沿纵向不变，并通过调整管壁的厚度来实现模型的弯曲刚度和扭转刚度分布与实船相似。

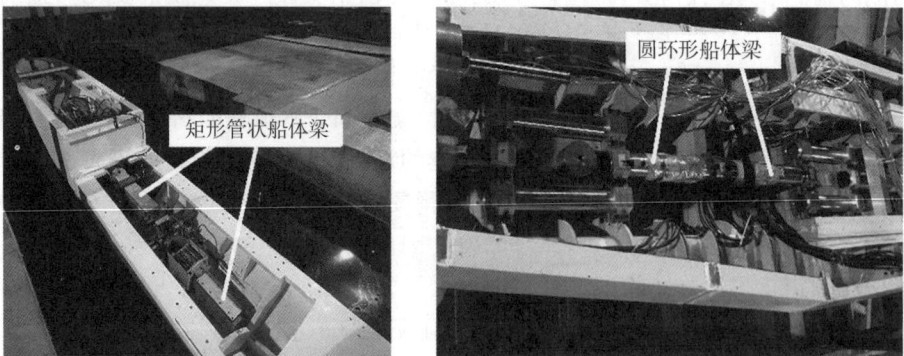

图 2.12　船体梁设计

2.3.2　变截面梁系的设计

为了保证船舶模型与实船在结构动力上相似，在船模试验的设计初期需要应用迁移矩阵法或有限元软件 MSC.Patran/Nastran 对实船以及船体梁进行模态分析，可得到其固有频率和固有振动,如图 2.13 所示。根据仿真模态计算的结果对比,进一步确定不同位置处变截面梁的尺寸。

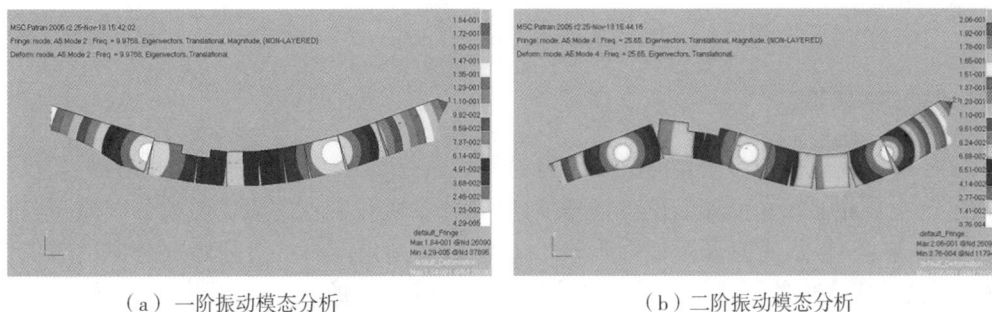

（a）一阶振动模态分析　　　　　　　　（b）二阶振动模态分析

图 2.13　船舶模型的模态分析

需要注意的是,如果在进行多体船的变截面梁设计时,除了上层建筑之外,多体船连接桥与片体部分参与总纵强度[12-13]。因此,在设计主体变截面梁时,需要分别从刚度、首阶固有频率相似两方面来考虑。首先,根据已知的船舶主体刚度,试验人员对变截面梁的尺寸进行初步设计。接着,根据首阶垂向固有频率的计算结果,船舶上层建筑、连接桥及片体等局部刚度被进一步补偿至变截面梁的尺寸设计上。通过截面梁厚度的调整,试验人员最终可实现模型与实船首阶垂向固有频率相似。相关模型试验设计显示,设计的变截面梁在首阶垂向固有频率能够很好地模拟实际值,但在高阶振动上仍存在一定误差。

2.3.3　局部双梁设计

为了方便后续适航仪的布置,变截面梁在船体中部适航杆连接的位置需要分为两根左右对称布置的截面梁,这种设计被称为局部双梁设计,如图 2.14 所示。双变截面梁仍使用夹具固定在分段船壳支座上[14]。在支座的支撑作用下,双变截面梁与所在剖面的中和轴位于同一高度。在夹具设计上,应该保证双变截面梁的安装便利,且能够使得双变截面梁与夹具完全贴合,不存在缝隙。

图 2.14　局部双梁设计

2.4　模型质量调配与检测

2.4.1　模型质量调配

为了能够有效地模拟船舶在波浪中的运动和结构变形,除满足船体外壳相似外,船模与实船的质量上也要相似。在设计船模时,需要对船模分段质量进行称重。船模分段质量包括各个分段的船壳、船体梁、夹具及甲板的质量。此外,放置适航仪杆的分段还要考虑适航仪杆的质量(4 kg 左右)。通过与目标质量分布相对比,分段缺少的质量用压载块进行填补,如图2.15(a)所示。最后,在质量确定后将各段的压载块贴上带有分段编号和位置的标签,以防止在搬运模型期间丢失。

同时,船模在重心和转动惯量等参量的测量过程中也需要进行压载块的调整。因此,直到质量和转动惯量确定后,船模压载块的位置才能最终确定。对于船模内部的压载块,可采用木质底座或绳子捆束来固定。对于船甲板上的压载块,则需要制作相应的固定装置来保证压载块不会因船模的运动而移动位置。其压载块固定装置同时应考量到船模不同工况下压载拆卸的方便性。图2.15(b)给出了一种甲板上压载块的固定装置。

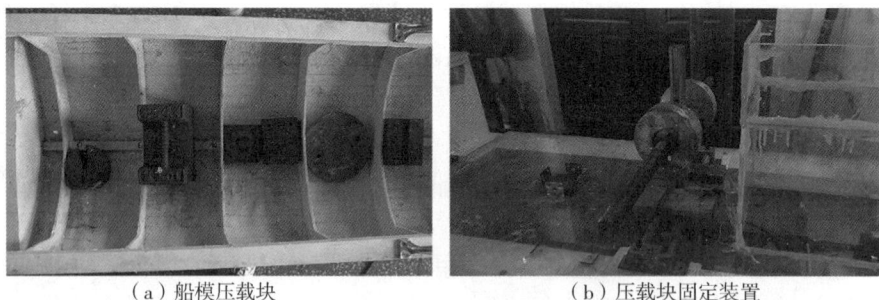

(a)船模压载块　　　　　　　　　　　　(b)压载块固定装置

图 2.15　模型质量调配

2.4.2　模型质量参数检测

在模型的设计上,除了满足外壳的几何相似之外,船舶与其模型的质量参数,如重心位置、转动惯量的大小以及船舶静水浮态等,也需要满足一定的相似关系。因此,本节对船舶模型质量参数检测的方法以及调整的手段进行说明。

(1)船模重心位置的检测

在船舶模型设计上,主要关注船模重心的纵向位置 X_C 和垂向位置 Z_C。根据力矩平衡原理,船模重心位置的检测可采用静平衡法进行[15]。在重心纵向位置上,可在船模的首部和尾部各选取一点作为支撑刀口的位置,如图2.16所示。同时,在船模水平的条件下,测出两支撑刀口间的距离 L 和其中一个刀口的支反力 R_2,即可推算出船模重心距船尾的距离为

$$X_C = X + B = [(LR_2)/W_C] + B \tag{2-6}$$

式中: W_C 为船模的重量; R_1、R_2 为两支撑刀口的支反力; B 为船尾刀口距尾封板的距离。

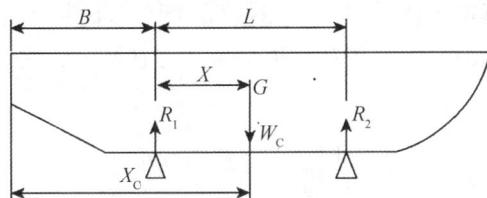

图 2.16 重心纵向位置确定示意

重心垂向位置的测量则需要利用转动惯量架，具体的转动惯量架设计如图 2.17(a)所示。试验人员将船模放置在转动惯量架上，使船模中纵剖面与惯量架的基平面垂直，且船模重心与刀口中点在同一铅垂面上。接着，指定重量的重物沿船模的甲板纵向移动，从而引起纵倾力矩。而转动惯量架在该力矩的作用下会发生偏转。假设偏转角为 θ_1，根据力矩平衡条件，则船模重心的垂向位置为

$$Z_C = \frac{W_D}{W_C}(H - Z_D) + H - \frac{PL}{W_C\tan\theta_1} \tag{2-7}$$

式中：Z_C 为船模重心距离基线的高度；Z_D 为内转动惯量架重心距离基线的高度；W_D 为转动惯量架重量；H 为转动惯量架基线至刀口的距离；L 为砝码移动距离，P 为砝码重量。

在实际操作时，首先将激光笔通过螺丝夹安装在转动惯量架上，使激光笔光束能够打在标尺架上，如图 2.17(b)所示。试验人员将砝码放置在转动惯量架一端并读取光点在标尺上的刻度，然后将砝码移动到转动惯量架的另一端继续读取标尺上的刻度，即可计算出偏转改变量 h 和偏转角 θ_1。同时，利用式(2-7)可推算出船模重心的垂向位置。当船模检测到的重心位置与设计重心位置存在偏差时，需要调整模型内部的压载块高度，并进行重复检测直到满足目标值为止。

（a）转动惯量架设计　　　　　　（b）转动惯量测试

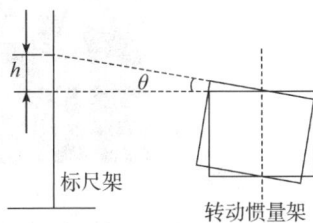

图 2.17 转动惯量架设计与测试

（2）船模转动惯量的检测

船模转动惯量也是船舶运动中至关重要的一个参量，因此在船模的设计中也需要重点关注。船模转动惯量的确定仍需要使用转动惯量架。具体操作方法如下：

首先，在转动惯量架至刀口距离为 A 的条件下，试验人员使转动惯量架具有一初始角度，并放开惯量架使其做微幅摆动。试验人员进一步测量 n 个周期下转动惯量架摆动的时间 t_1，则惯量架其自身的转动惯量为

$$J_0 = \left(\frac{t_1}{2n}\right)^2 A W_D \tag{2-8}$$

然后,试验人员将船模置于惯量架上,并测量 n 个周期下转动惯量架与船模一同摆动的时间为 t_2。船模重心至刀口距离为 B,与转动惯量架重心在同一铅垂线上,则此时整个系统的转动惯量为

$$J_1 = \left(\frac{t_1}{2n}\right)^2 (AW_D + BW_C) \tag{2-9}$$

由平行移轴定理可知,船模通过其重心的转动惯量最终可计算为

$$J_C = J_1 - J_0 - \frac{W_C}{g}B^2 \tag{2-10}$$

在实际测量操作中,试验人员一般将转动惯量架拉开 5°,接着松手使其自由转动。试验人员使用秒表记录转动 20 个周期的时间,重复 3 次后,将测得周期与目标值进行对比分析。当检测值与设计船模的转动惯量值存在较大误差时,试验人员应沿纵向改变压载位置,并重复上述检测步骤直至船模的转动惯量达到目标值。

(3)船模浮态的调整

在船壳制作时,需要在船模左右舷的首部、中部和尾部水线处粘贴表征船舶吃水的水位贴。在船模下水后,试验人员可通过观察各水位贴浸没的深度来判断船舶是否处于指定浮态,如图 2.18 所示。当观察到吃水少量差别时,试验人员可微调船模中压载以保证浮态;而当发现吃水差别较大,试验人员应重新进行船模质量调整。如船模存在横倾或者纵倾时,试验人员可改变压载位置使其倾角消失。

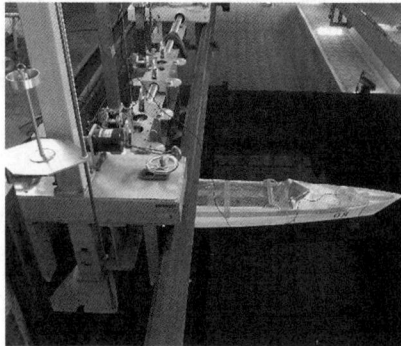

图 2.18　船模浮态的调整

结合前期分段模型外壳的设计,初步的模型设计方案即可完成。图 2.19 给出了一艘多体船的三维仿真设计与实际的模型设计。

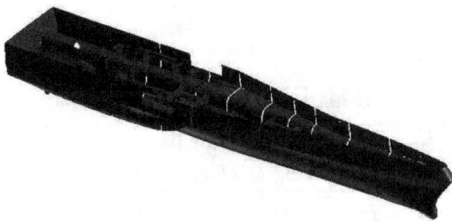

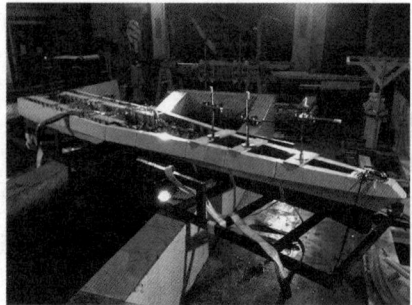

（a）三维仿真设计　　　　　　　　（b）实际的模型设计

图 2.19　多体船的三维仿真设计与实际的模型设计

2.5　船模自航推进及航向稳定控制系统的设计

对于船模自航试验而言,自航推进及航向稳定控制系统十分重要,其在设计上主要包括:推进系统设计与安装、传动轴系与电机连接、螺旋桨与舵的布置及安装等。

2.5.1　推进系统设计与安装

由于推进系统的复杂性,对于缩尺比较小的试验模型而言,在质量和空间上很难控制。参照现有的船舶推进仪器,在对推进系统进行设计时,应在试验要求下尽量减轻推进装置的重量,缩小推进系统的尺寸,从而保证船模在推进器上有足够的安装操作空间[16]。由于推进系统的关键性,在设计时应尽量在有限元模型或型线图上提前进行模拟。图 2.20 给了船舶自航模型的初步设计,在船模的尾部布置了一套螺旋桨推进系统。

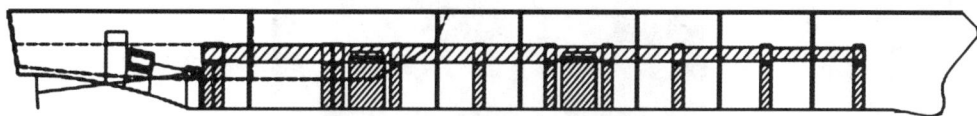

图 2.20　船舶自航模型初步设计

2.5.2　传动轴系与电机连接

在采用螺旋桨推进的形式进行船舶推进时,需要利用轴系将电机的旋转传递至螺旋桨上。船模电机通过齿轮箱传动与传动轴系连接[17],齿轮箱与电机连接采用联轴器,如图 2.21 所示。因此,齿轮箱中心轴线与电机传动轴线应在同一直线上。在安装齿轮箱时,试验人员应保证齿轮箱的旋转方向与螺旋桨的旋转方向一致。在此种传动轴系连接设计下,与传动轴系连接的齿轮箱可通过拥有两个自由度的万向节来弥补轴系安装产生的误差。在传动轴系连接安装完成后,试验人员需进行传动轴系的检测和推进系统的调试,从而确保船模在航行时传动轴系连接紧密有效且不产生晃动现象。

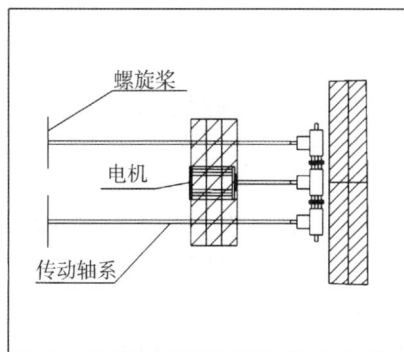

（a）传动轴系与电机连接设计　　　　（b）传动轴系与电机实际安装

图 2.21　传动轴系与电机的连接设计与安装

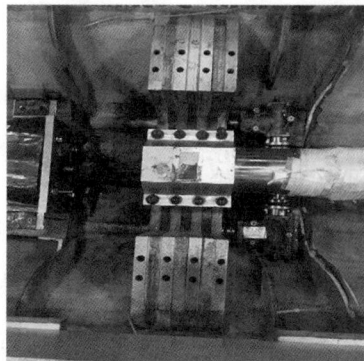

2.5.3 螺旋桨与舵的布置及安装

在螺旋桨的布置上,螺旋桨需要通过桨轴穿过船体外壳,因此需要在桨轴贯穿船壳的部分制作轴套,保证螺旋桨位置处的水密性。同时,在桨轴的顶端安装螺旋桨帽。桨帽的安装采用螺纹紧固,但螺纹紧固的方向需要与螺旋桨旋转推进时旋转的方向相反,从而避免旋转时螺旋桨松动。一般情况下,螺旋桨推进为向内侧旋转。船舵则安装在船体中纵剖面方向与桨轴中心线上,且舵应沿型线方向布置在船尾后方,如图 2.22 所示。船舵可通过舵轴与舵机连接,通过调节舵机可以改变船舵的角度。如果模型不进行回转等操纵性试验,可直接固定船舵,从而进一步增加船舶直线航行的稳定性。

图 2.22　螺旋桨与舵的布置

此外,在船模自航试验前,需对螺旋桨转速进行标定试验,通过试验建立转速与航速的关系,从而保证在一定转速时,船模能够达到试验工况所需的航速[18]。

2.6　船舶模型特性测试

在船舶模型设计完成后,需要对船模进行特性测试,其中最为经典的是模型锤击试验和横摇衰减试验。

2.6.1　锤击试验

锤击试验主要的目的是了解船模真实的结构振动特性,即船模的固有频率。锤击试验一般分为两种,即陆上锤击试验与水中锤击试验。陆上锤击试验主要是用于求解船模的干模态,而水中锤击试验是为了求解船模湿模态。

在陆上锤击试验中,设计人员常将完整的分段船模放置于水平台上,通过敲击船首或船尾来获取船体结构在强迫振动下的衰减曲线,如图 2.23 所示。结合快速傅里叶变换,对时域衰减曲线进行时频转换,从而找到船舶干模态下的固有频率。

而水中锤击试验则是将船模放入试验水池中,同样迅速锤击船模的首部或尾部,通过振动分析获得船模在湿模态下的固有频率,如图 2.24 所示。值得注意的是,船模的锤击试验对于锤击过程有着一定的要求。锤击要迅速且具有一定的力度,同时为避免试验偶然性,一般在试验时对首尾各敲击 3 次,分别记录锤击时船模结构瞬时响应的时域波动特质,并通过求均值来

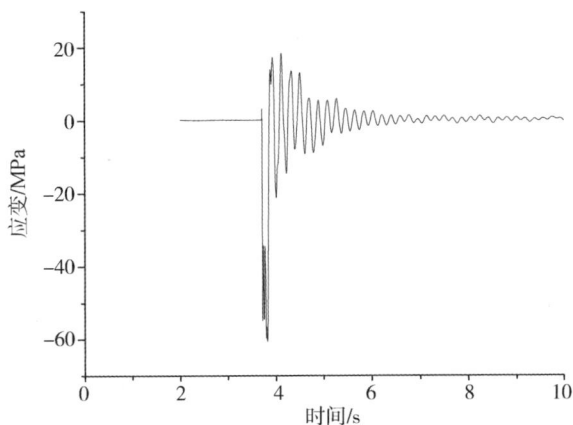

图 2.23 陆上锤击试验下的应变衰减曲线

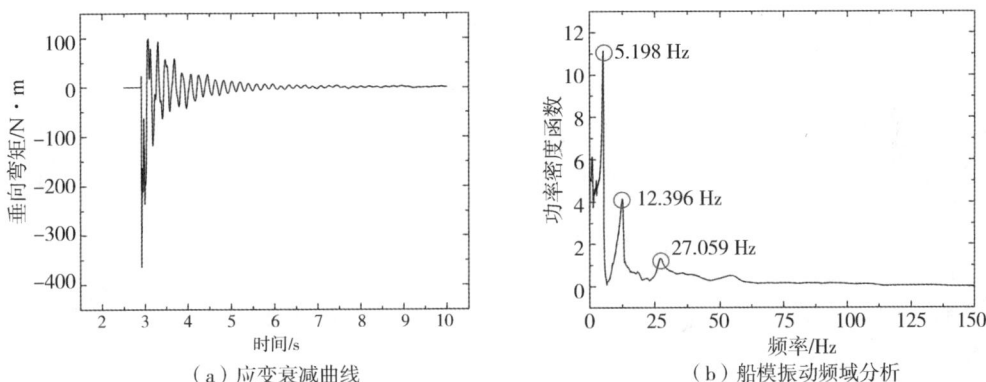

（a）应变衰减曲线　　　　　　　　（b）船模振动频域分析

图 2.24 水中锤击试验

评估船模的振动特性。

2.6.2 横摇衰减试验

对于船舶横摇运动而言,流体黏性效应在横摇阻尼参量的计算上不可忽视,因此准确计及黏性阻尼对精确评估船舶横摇运动具有十分重要的作用。为了能够获得横摇阻尼力矩系数,试验人员往往需要开展相应的横摇衰减试验。在横摇衰减试验中,试验人员用长杆在模型重心纵向剖面的舷侧位置处支撑使其倾斜至一定角度,然后迅速抽出支撑杆并监测船舶在失去支撑力后的横摇运动曲线,如图 2.25 所示。为了保障试验的准确性,横摇衰减试验应在船模左右舷各重复 3 次。数据分析时,试验人员一般选取 10 个横摇周期的总时间,进而得到横摇固有周期的平均值。

为了能够有效利用横摇衰减试验监测到的运动数据,特别是船模衰减较快的工况,研究人员往往采用能量法来获得横摇阻尼力矩系数。能量法的基本假设为船舶横摇运动总能量的变化率等于横摇阻尼耗散能量的速率[19]。因此,在船舶发生横摇运动时,船舶横摇阻尼 M 与横摇角速度 $\dot{\phi}$ 应满足线性平方阻尼方程,具体公式为

$$M(\dot{\phi}) = -a\dot{\phi} - b\dot{\phi}|\dot{\phi}| \tag{2-11}$$

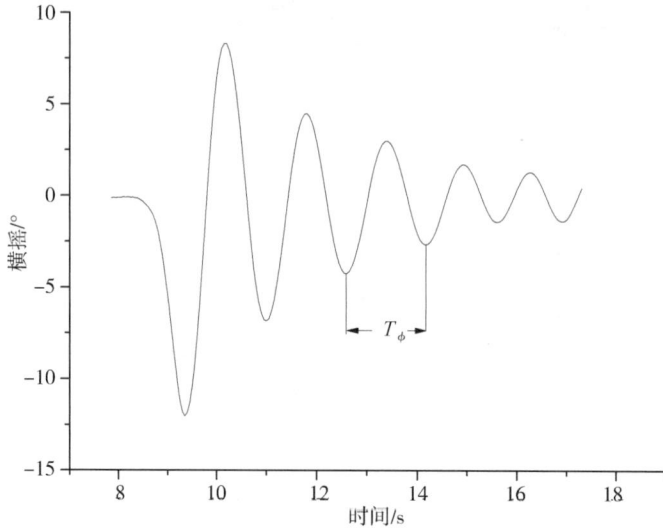

图 2.25　横摇运动曲线

式中：a 和 b 为船舶横摇运动系数。同时，假设船舶在横摇衰减试验时横摇运动不与其他运动相耦合，船舶横摇恢复力矩亦可采用线性化形式来表示，则船舶横摇自由衰减运动方程为

$$(J + \Delta J)\ddot{\phi} + a\dot{\phi} + b\dot{\phi}\,|\dot{\phi}| + c\phi = 0 \tag{2-12}$$

式中：J 和 ΔJ 表示船舶绕旋转轴横摇的自身转动惯量和附加转动惯量；c 为船舶横摇运动恢复力系数。将上式两边同时除以 $(J + \Delta J)$ 使得公式进行单位化，则横摇运动方程化简为

$$\ddot{\phi} + 2\nu\dot{\phi} + \beta\dot{\phi}\,|\dot{\phi}| + n_\phi^2\phi = 0 \tag{2-13}$$

令 $E(t)$ 表示包括船舶动能和势能在内的单位横摇转动惯量总能量，则有

$$E(t) = \frac{1}{2}\dot{\eta}_4^2 + \int_0^t D(\eta_4)\dot{\eta}_4 \mathrm{d}t \tag{2-14}$$

在横摇衰减试验中，在 t_i 到 t_{i+1} 时间段内单位横摇转动惯量船舶的总能量耗散等于阻尼力矩消耗的能量，即

$$E(t_{i+1}) - E(t_i) = -\int_{t_i}^{t_{i+1}} (2\nu\dot{\phi} + \beta\dot{\phi}\,|\dot{\phi}|)\dot{\phi}\mathrm{d}t \tag{2-15}$$

联立式（2-14）和式（2-15），则总能量耗散为

$$Q(t_i) = E(t_i) - E(t_{i+1}) = 2\nu\int_{t_i}^{t_{i+1}}\dot{\phi}^2\mathrm{d}t + \beta\int_{t_i}^{t_{i+1}}\dot{\phi}^2\,|\dot{\phi}|\mathrm{d}t \tag{2-16}$$

进一步定义 $\mu_{i1} = \int_{t_i}^{t_{i+1}}\dot{\phi}^2\mathrm{d}t$ ；$\mu_{i2} = \int_{t_i}^{t_{i+1}}\dot{\phi}^2\,|\dot{\phi}|\mathrm{d}t$ ；则有

$$Q(t_i) = 2\nu\mu_{i1} + \beta\mu_{i2} \tag{2-17}$$

式中：阻尼系数 2ν 和 β 可应用最小二乘法确定，而其余均可用横摇衰减曲线直接计算。在采用能量法来获取横摇阻尼力矩系数的过程中，船舶横摇角速度的确定十分关键。在实际数据处理中，如果直接对试验所测量到的横摇时历进行数值微分，其微分结果往往不够光顺。

事实上，在模型试验测量的运动时历信号中含有无法预测的随机波动信号，即噪声信号。这些噪声信号的干扰会造成数值微分在求解过程中出现剧烈突变，从而影响横摇角速度的评估精度,最终造成黏性阻尼系数的计算偏差。为此,在应用能量法之前,必须对模型试验的衰减曲线进行平滑处理,通过平滑处理来去除噪声信号对横摇角时历曲线数值求导带来的不利影响。而本节推荐采用典型衰减函数对横摇衰减曲线进行拟合,其中拟合函数形式为

$$\phi(t) = A_{\mathrm{D}}\mathrm{e}^{-\sum_{t=1}^{n}\beta_i t^i}\cos(n_\phi t + \varepsilon) \tag{2-18}$$

式中:A_{D} 表示所选取的横摇衰减曲线的最大摇幅;阻尼系数项 β_i 用来表示横摇衰减曲线峰值衰减速度,需根据实际的静水横摇衰减试验曲线来确定其合适的项数;n_ϕ 表示横摇衰减运动固有频率;ε 表示三角余弦函数的相位角。

2.7　模型试验工况设计

　　模型试验中,主要通过 3 种方式来确定模型试验工况,分别为规范法、直接计算法以及经验法。在试验之前,试验人员应明确试验的目的和性质。试验的目的直接决定了该采取何种试验方法,而试验的性质则对试验的具体实施方案有着显著的影响。

　　船舶模型试验目的类型众多,最为常见的船模试验有:船舶快速性试验、船舶推进试验、船舶耐波性试验和船舶波浪载荷试验。船舶快速性试验主要是观测船舶在静水和波浪中航行的快速性,因此其监测量主要为船舶的阻力和推进。在船舶阻力测量上,一般选用完整的船舶模型,并对其外壳几何相似度要求较高。在不考虑推进器流场扰动的影响下,试验人员可直接采用拖航模型进行拖航试验,在船舶阻力试验工况上主要考虑不同拖航速度下船舶阻力的监测。而船舶推进试验主要检测推进器的设计是否合理,因此需要配备相应的推进装置,其对于推进器的尺寸、螺旋桨的大小等参数要求相对较高,往往采用完整船舶模型进行自航试验。船舶推进试验在工况设计上常以推进器转速作为标准,观察推进器转速与推力以及船舶航速之间的关系。船舶耐波性试验则主要是对船舶在波浪中的运动状态进行测量。试验首先需要考虑船舶试验环境所能承受的造波能力,并根据造波能力来确定船模的大小和航速等相关参数。因此,在耐波性试验工况设计上主要考量不同波高、不同频率下船舶的运动。而船舶波浪载荷试验则需要采用分段模型,并在船体梁的设计上更为严格。船舶波浪载荷试验需要在船体梁上安装传感器以此来监测船体在波浪中的起伏变形。在载荷工况设计上需要参考船模的固有频率以及波浪与船舶的相对高度差。

　　按照模型试验性质的差异,模型试验亦可以分为项目类、科研类以及混合类。项目类模型试验往往目标比较明确,采用的试验方法也较为传统,因此这类试验在确定工况时应以甲方的要求为基础,调整试验方案以尽量满足甲方提出的需求。而科研类模型试验往往具有一定的开创性,其可借鉴的经验相对较少,因此在模型试验的工况设计上需要经过更为仔细的研究,此类试验往往需要先进行船模的数值仿真设计与计算,并根据试验侧重点的不同开展有针对性的试验工况设计与验证。而混合类则是在满足项目要求后进行的模型试验补充,此类试验仍以传统试验手段为主,可在原有的试验设计的基础上进行高精度测量仪器的调试,并以此进行试验工况的设计。混合类模型试验将能够有效提高船舶相关性能预报研究的准确性,并进一步确保相关研究逻辑关系的完整性。

2.7.1 规范法

规范法是一种传统的模型试验工况设计方法,其主要是以国内外各船级社规范作为试验工况设计的基础。对于国内普通船舶试验而言,常以中国船级社(CCS)的《钢质海船入级规范》等资料作为参考,结合规范中对于船舶典型装载状态的定义来调整模型配载,并以其中确定性校核工况为目标来开展模型试验。此种方法设计相对简单,主要适用于项目类模型试验。

2.7.2 直接计算法

直接计算法是一种基于理论计算的试验工况搜索方法。其主要是通过势流或黏流软件(STAR CCM+、FLUNET、WALCES 等)进行大量的船舶航行数值仿真,获取试验目标参数响应最大或被视为最为危险的试验工况。该方法被大量用于科研类模型试验,特别是新型船舶的研制工作上。由于试验目标参数的不同,该方法对应的危险工况也不尽相同,其在试验的整体设计上相对较为复杂。但以直接计算法为基础的试验工况设计能够获得未开展试验前的预期数据,从而方便进行试验设备的验证工作。

2.7.3 经验法

在针对不同船型已开展了大量船体阻力、耐波性以及波浪载荷的模型试验后,试验设计人员往往积累了大量的试验经验。因而,在后续模型试验的开展上,试验设计人员可以基于以往类似的模型试验方案,根据试验目的不同,有针对性地改进原有的模型试验,从而使其适用于新的船舶模型试验。此种试验设计是一种高效的设计方法,但需要经验丰富的设计人员,且试验场所和仪器设备不能出现过多的改变。针对船舶耐波性试验,在资料不充分的条件下试验人员可参照以下衡准:

(1)模型试验航速的设计。除船舶设计航速外,试验人员应至少设计一个高于设计航速的试验工况,同时亦可设计 1~3 个低于设计航速的工况。船模航速的设计应该涵盖船舶的设计航速、巡航航速、最大航速等。

(2)船舶波浪环境的设计。试验人员应设计不少于 10 个试验工况,波浪波长的变化范围一般为船模长度的 0.5~2 倍。而波高可取船长的 1/40 左右。对于高速船舶的模型试验,其波浪波长的范围可以适当扩大。

事实上,在确定模型试验工况时,以上方法并无明确的界限。试验人员常常会用到不止一种方法,有时甚至采用多种方法相互验证。例如,当模型试验根据规范确定某一极限海况时,试验人员可以通过直接计算方法来确定模型的响应,并参考之前的经验,判断是否具备实施该工况的条件(模型在大幅波浪中航速、测量设备量程、试验场地等条件)。

2.8 试验数据处理分析

2.8.1 数据样本统计法

在船模不规则波试验中,由于波浪的不规则性使得船舶的运动和载荷也会出现不规则和随机性。为了能够从不规则的数据中提取出关键的数据特征,试验人员往往需要利用数据样本统计法。根据数理统计理论可知,若 $\{X_1, X_2, \cdots, X_n\}$ 为船模试验数据的总样本,则样本均值 $\bar{X}$ 和方差 S^2 为

$$\bar{X} = \frac{1}{n} \sum_{i=1}^{n} X_i \tag{2-19}$$

$$S^2 = \frac{1}{n-1} \sum_{i=1}^{n} [X_i - \bar{X}]^2 \tag{2-20}$$

由矩估计法可知,在总体矩 μ_j 未知的情况下,可用对应的样本矩 A_j 来代替,即

$$A_j = \frac{1}{n} \sum_{i=1}^{n} X_i^j = \mu_j \quad (j = 1, 2, \cdots, k) \tag{2-21}$$

特别地,当 $j = 1, 2$ 时有

$$\bar{X} = A_1 = \frac{1}{n} \sum_{i=1}^{n} X_i = \mu_1 = E(X) \quad (j = 1) \tag{2-22}$$

$$A_2 = \frac{1}{n} \sum_{i=1}^{n} X_i^2 = \mu_2 = E(X^2) \quad (j = 2) \tag{2-23}$$

式(2-23)表明只要总体的数学期望存在,样本均值就是总体的数学期望 $E(X)$,样本的二阶矩就是 $E(X^2)$。样本方差 S^2 是总体方差 $D(X)$ 的无偏估计,即

$$S^2 = D(X) \tag{2-24}$$

由于船模试验数据量巨大,因此,当 $n \to \infty$,可用样本的二阶中心矩 B^2 代替样本方差 S^2,即认为样本的二阶中心矩近似等于样本方差,则有

$$B_2 = \frac{1}{n} \sum_{i=1}^{n} [X_i - \bar{X}]^2 = S^2 \quad (n \to \infty) \tag{2-25}$$

由上可知,当样本总体期望和方差未知时,可利用测量获得的样本一阶原点矩和二阶中心矩来替代样本总体的期望和方差,因此船模试验数据的总体数学期望 $E(X)$ 和方差 $D(X)$ 又可表示为

$$E(X) = \frac{1}{n} \sum_{i=1}^{n} X_i \tag{2-26}$$

$$D(X) = \frac{1}{n} \sum_{i=1}^{n} [X_i - E(X)]^2 \tag{2-27}$$

此外,在船模试验过程中需要对数据的分布特征进行显著化验证[20]。从短期统计资料来看,船舶的运动与载荷响应幅值在短期应符合瑞利分布,所以在获得实测数据之后,需要对实测数据进行检验,观察其是否符合瑞利分布的统计规律。实测数据的复杂性,使得实测模拟与理论统计模型之间必然存在差异。如果这种差异相对较小,可视为由瑞利分布和多种因素引起的随机波动联合产生的结果。因此,以瑞利分布的特性为目标模型来分析试验数据的统计特性是可行的。而当试验数据的统计分布特征与瑞利分布特征之间的差异较大时,说明试验数据受到了严重的波频干扰。此种情况常出现在船舶大波高和高航速工况中。

根据每组实测的船模试验数据,得到船模运动和载荷的幅值 $\{x_1, x_2, \cdots, x_N\}$,以最大幅值的 1/10 作为间距,将应力幅值分成 10 组。根据每组船模运动和载荷幅值出现的次数 m,按照式(2-28)即可计算船舶响应幅值的出现概率。

$$P'_i = \frac{m_i}{N} \tag{2-28}$$

结合出现概率,可进一步获得船舶响应幅值的概率密度函数。该概率密度函数大多数情况下应满足瑞利分布。瑞利分布的概率密度函数为

$$f(x) = \frac{2x}{R} \mathrm{e}^{-\frac{x^2}{R}} \tag{2-29}$$

式中:R 为瑞利分布的控制参数,其可通过正态分布的方差计算获得,如式(2-30)所示。

$$R = 2\sigma^2 \tag{2-30}$$

由瑞利分布的概率密度函数可知,相应的超越概率分布函数为

$$F(x) = \int_x^\infty f(x)\,\mathrm{d}x = \mathrm{e}^{-\frac{x^2}{R}} \tag{2-31}$$

该超越概率分布函数被进一步分组,则船舶响应幅值由 x_{i-1} 至 x_i 的概率为

$$P_i = F(x_{i-1}) - F(x_i) = \mathrm{e}^{-\frac{x_{i-1}^2}{R}} - \mathrm{e}^{-\frac{x_i^2}{R}} \tag{2-32}$$

由式(2-32)计算的理论概率 P_i 与实测出现概率 P'_i 之间在每组内都可能出现差别。差别的大小表示两者的适宜度,通常用 χ^2 表示,即

$$\chi^2 = N \sum_{i=1}^{10} \frac{(P'_i - P_j)^2}{P_j} = \sum_{i=1}^{10} \frac{(m_i - NP_j)^2}{NP_j} \tag{2-33}$$

式(2-33)中,若 NP_j 值小于5,则与前一组合并。根据资料选用 $\alpha = 0.05$ 作为表征水平,即

$$\begin{cases} \chi^2 < \chi^2_{0.05} & \text{满足瑞利分布} \\ \chi^2 > \chi^2_{0.05} & \text{不满足瑞利分布} \end{cases} \tag{2-34}$$

2.8.2　快速傅里叶变换

傅里叶变换(Fourier Transform, FT)[21]是信号处理中一种常用数值分析方法。其被广泛应用于信号特征的时域至频域的特征转化上。由于在二维波浪理论中,认为理想规则波其单一方向的波动具有周期性,而不规则波亦被认为是规则波线性叠加的结果。因此,船舶运动和载荷的时域响应信号被认为符合狄利克雷(Dirichlet)条件,其特征可以由不同频率的三角函数与其相关系数的线性组合表示。因此,在船舶监测数据上,船舶试验人员常引入离散傅里叶变换方法(Discrete Fourier Transform, DFT)[24],通过将原始信号分断求解来实现船舶试验数据信号频域特征的分析。

在监测数据中,设一个等间隔时间取样的有限长的时间序列 $x(n)$,即 $\{x_0, x_1, x_2, \cdots, x_{N-1}\}$,长度为 M,则序列在 N 点的离散傅里叶变换为

$$X(k) = \mathrm{DFT}[x(n)] = \sum_{n=0}^{N-1} x(n) W_N^{kn} \tag{2-35}$$
$$(k = 0, 1, \cdots, N-1)$$

$X(k)$ 在 N 点的离散傅里叶逆变换(Inverse Discrete Fourier Transform, IDFT)为

$$x(n) = \mathrm{IDFT}[X(k)] = \frac{1}{N} \sum_{k=0}^{N-1} X(k) W_N^{-kn} \tag{2-36}$$
$$(n = 0, 1, \cdots, N-1)$$

式中：$W_N = \exp\left(-j\dfrac{2\pi}{N}\right)$ 为旋转因子，N 为离散傅里叶变换中变换区间的长度（$N \geqslant M$）。在已知 $x(n)$、W_N^{kn} 均为复数的情况下，可以将其表示为实部与虚部相组合的形式：

$$x(n) = \mathrm{Re}[x(n)] + j\mathrm{Im}[x(n)] \tag{2-37}$$

$$W_N^{nk} = \mathrm{Re}[W_N^{nk}] + j\mathrm{Im}[W_N^{nk}] = \cos\left(\frac{2\pi}{N}nk\right) - j\sin\left(\frac{2\pi}{N}nk\right) \tag{2-38}$$

则离散傅里叶变换后的结果 $X(n)$ 就可以表示为

$$\begin{aligned}
X(k) = &\sum_{n=0}^{N-1}\left\{\mathrm{Re}[x(n)]\cos\left(\frac{2\pi}{N}nk\right) + \mathrm{Im}[x(n)]\sin\left(\frac{2\pi}{N}nk\right)\right\} \\
&+ j\left\{\mathrm{Im}[x(n)]\cos\left(\frac{2\pi}{N}nk\right) - \mathrm{Re}\left[x(n)\sin\left(\frac{2\pi}{N}nk\right)\right]\right\}
\end{aligned} \tag{2-39}$$

$$(k = 0, 1, \cdots, N-1)$$

由于 $x(n)$ 与 W_N^{nk} 为复数序列，对信号 $x(n)$ 中的每一点进行离散傅里叶变换时需要 N 次复乘运算以及 $N-1$ 次复加运算，则完成整个离散傅里叶变换共需要 N^2 次复乘运算和 $N(N-1)$ 次复加运算。由此可知，直接采用离散傅里叶变换方法进行数据换算的计算量是巨大且冗余的，这直接影响了离散傅里叶变换方法的应用。从式（2-37）~（2-39）中可以看出，在离散傅里叶变换运算中有很多的运算是重复的，因此可利用系数 W_N 的周期性和对称性减少运算量：

$$W_N^{n(N-k)} = W_N^{k(N-k)} = W_N^{-nk} \tag{2-40}$$

$$W_N^{N/2} = -1, \quad W_N^{(k+M/2)} = -W_N^k \tag{2-41}$$

利用该数值特性可以合并离散傅里叶变换运算中的一些计算项。

由于在信号处理时离散傅里叶变换的计算量较大，而船舶试验监测所得的信号实时性又较强，因此试验人员常会采用改进后的快速傅里叶变换方法（Fast Fourier Transform，FFT）[22]。研究表明快速傅里叶变换方法相对离散傅里叶变换方法而言更为高效。尽管快速傅里叶变换算法拥有多种形式，但是总体上可分成两大类：按时间抽取算法（Decimation in Temproal，DIT）与按频率抽取算法（Decimation in Frequence，DIF）。

对于时间抽取算法，本节以基2时分的 FFT 算法为例。首先假定一个长度为 N 的数字序列 $x(n)$，其中 N 为2的整数次方，将 $x(n)$ 分为两组，一组为奇数项序列，另一组为偶数项序列，即

$$\begin{cases} x(2r) = x_1(r) \\ x(2r+1) = x_2(r) \end{cases} \quad (r = 0, 1, \cdots, N/2-1) \tag{2-42}$$

则其离散傅里叶变换为

$$\begin{aligned}
X(k) = \mathrm{DFT}[x(n)] &= \sum_{n=0}^{N-1} x(n) W_N^{nk} \\
&= \sum_{\substack{n=0 \\ \text{偶数}}}^{N-2} x(n) W_N^{nk} + \sum_{\substack{n=1 \\ \text{奇数}}}^{N-1} x(n) W_N^{nk} \\
&= \sum_{r=0}^{N/2-1} x(2r) W_N^{2rk} + \sum_{r=0}^{N/2-1} x(2r+1) W_N^{(2r+1)k} \\
&= \sum_{r=0}^{N/2-1} x(2r) W_N^{2rk} + W_N^k \sum_{r=0}^{N/2-1} x(2r+1) W_N^{2rk}
\end{aligned} \tag{2-43}$$

由对称性可知

$$W_N^{2n} = \exp\left(-\mathrm{j}\frac{2\pi}{N}2n\right) = \exp\left(-\mathrm{j}\frac{2\pi}{N/2}n\right) = W_{N/2}^n \tag{2-44}$$

所以

$$X(k) = \sum_{r=0}^{N/2-1} x(2r) W_{N/2}^{rk} + W_N^k \sum_{r=0}^{N/2-1} x(2r+1) W_{N/2}^{rk} \tag{2-45}$$

$$= G(k) + W_N^k H(k)$$

其中

$$\begin{cases} G(k) = \sum_{r=0}^{N/2-1} x(2r) W_{N/2}^{rk} \\ H(k) = \sum_{r=0}^{N/2-1} x(2r+1) W_{N/2}^{rk} \end{cases} \quad (k=0,1,\cdots,N/2-1) \tag{2-46}$$

由对称性可知

$$\begin{cases} W_{N/2}^{r(N/2+k)} = W_{N/2}^{rk} \\ W_N^{(k+N/2)} = -W_N^k \end{cases} \tag{2-47}$$

那么

$$X\left(k+\frac{N}{2}\right) = G(k) - W_N^k H(k) \quad (k=0,1,\cdots,N/2-1) \tag{2-48}$$

由式(2-43)~(2-48)可以看出,N 点的 DFT 分解成了两个 $N/2$ 的 DFT。由于 N 是 2 的整数次幂,所以可以对 $G(k)$ 与 $H(k)$ 继续分解,最后分解成为 2 点的 DFT 运算。令 $M=\log_2 N$,这样从原始信号 $x(n)$ 到频域信号 $X(k)$ 的运算过程中需要 M 级的运算,每一级运算则由 $N/2$ 个蝶形运算构成,如图 2.26 所示。

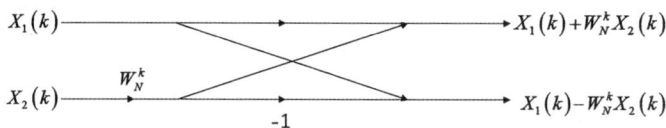

图 2.26 蝶形运算示意图

对于频域抽取算法,其原始序列将被按照前后顺序对半分开,因此 N 点的 DFT 表示成前后两部分,即

$$X(k) = \sum_{n=0}^{N/2-1} x(n) W_N^{nk} + \sum_{n=N/2}^{N-1} x(n) W_N^{nk}$$

$$= \sum_{n=0}^{N/2-1} x(n) W_N^{nk} + \sum_{n=0}^{N/2-1} x(n+N/2) W_N^{(n+N/2)k} \tag{2-49}$$

$$= \sum_{n=0}^{N/2-1} [x(n) + W_N^{(N/2)k} x(n+N/2)] W_N^{nk}$$

其中

$$W_N^{N/2} = -1,$$

$$W_N^{(N/2)k} = (-1)^k = \begin{cases} 1 & k \text{ 为偶数} \\ -1 & k \text{ 为奇数} \end{cases} \tag{2-50}$$

接下来将 $X(k)$ 进一步分解为偶数组与奇数组,即

$$X(k) = \sum_{n=0}^{N/2-1} [x(n) + \pi(-1)^k x(n+N/2)] W_N^{nk} \tag{2-51}$$

$$X(2r) = \sum_{n=0}^{N/2-1} [x(n) + x(n+N/2)] W_N^{2nr} \tag{2-52}$$

$$= \sum_{n=0}^{N/2-1} [x(n) + x(n+N/2)] W_{N/2}^{2nr}$$

$$X(2r+1) = \sum_{n=0}^{N/2-1} [x(n) - x(n+N/2)] W_N^{n(2r+1)} \tag{2-53}$$

$$= \sum_{n=0}^{N/2-1} [x(n) - x(n+N/2)] W_N^n W_{N/2}^{nr}$$

同时,假设

$$\begin{cases} a(n) = x(n) + x(n+N/2) \\ b(n) = [x(n) - x(n+N/2)] W_N^{nr} \end{cases} \tag{2-54}$$

则有

$$\begin{cases} X(2r) = \sum_{n=0}^{N/2-1} a(n) W_{N/2}^{nr} \\ X(2r+1) = \sum_{n=0}^{N/2-1} b(n) W_{N/2}^{nr} \end{cases} \tag{2-55}$$

由式(2-51)~(2-55)可知,频域抽取算法仍为两个 $N/2$ 长度的 DFT 运算。与时间抽取法类似,由于 $N = 2^M$,则一组 N 点的 DFT 运算将通过 M 次分解,其最后仍为 2 点的 DFT。从数据划分的本质而言,按时间抽取与按频率抽取这两种算法是一致的,而两者的主要差别体现在计算顺序上。DIT 算法是把输入序列按照奇偶性分成短序列,而 DIF 算法则是把输出序列按照奇偶性分为较短的序列。以按照时间抽取算法为例,每一级运算都需要 $N/2$ 次复乘以及 N 次复加运算,这样,M 级运算一共需要 $(N/2)\log_2 N$ 次复乘运算以及 $N\log_2 N$ 次复加运算。假设 $N = 1\ 024$,当采用 DFT 运算时,需要的乘法次数为 1 048 576;而采用 FFT 算法时,只需要 5 120 次运算。由此可见,相对于 DFT 算法,FFT 算法的乘法次数仅为其运算量的 0.49%,极大地提高了运算效率且满足信号的实时性要求。但是在实际应用中,一般数字序列并非 2^M 的长度,因此当遇到这种情况时则需要在序列后面补 0,直到满足序列长度为 2^M 即可。

原始信号函数 $x(n)$ 的快速傅里叶变换后的 $X(k)$ 为复函数。$X(k)$ 的实部、虚部以及振幅、功率和相位分别表示如下:

实部

$$R(k) = \sum_{n=0}^{N-1} \left\{ \mathrm{Re}\,[x(n)]\cos\left(\frac{2\pi}{N}nk\right) + \mathrm{Im}\,[x(n)]\sin\left(\frac{2\pi}{N}nk\right) \right\} \qquad (2\text{-}56)$$

虚部

$$I(k) = \sum_{n=0}^{N-1} \left\{ \mathrm{Im}\,[x(n)]\cos\left(\frac{2\pi}{N}nk\right) - \mathrm{Re}\,[x(n)]\sin\left(\frac{2\pi}{N}nk\right) \right\} \qquad (2\text{-}57)$$

振幅

$$|F(k)| = [R^2(k) + I^2(k)]^{\frac{1}{2}} \qquad (2\text{-}58)$$

功率

$$p = \lim_{T \to \infty} \frac{|F_{\mathrm{T}}(k)|^2}{T} \qquad (2\text{-}59)$$

相位

$$\phi(k) = \arctan\frac{I(k)}{R(k)} \qquad (2\text{-}60)$$

2.8.3　相关函数法

相关函数法是实现信号的检测、识别与提取的主要数理统计方法之一,其主要用于研究信号的相似性或信号经过延迟等处理后的关联性。相关函数法在船舶模型试验数据处理中被广泛使用,其中主要的应用有以下方面:

①噪声中有用信号的检测;

②信号中隐含周期性的检测;

③信号关联性的检验;

④信号延时长度的测量;

⑤随机信号的重要统计量;

⑥功率谱估计。

2.8.3.1　函数相关性

相关是指客观事物变化量之间的相依关系,在统计学中是用相关系数来描述两个变量 x、y 之间的相关性的, 即

$$\rho_{xy} = \frac{\sigma_{xy}}{\sigma_x\sigma_y} = \frac{E[(x-\mu_x)(y-\mu_y)]}{\{E[(x-\mu_x)^2]E[(y-\mu_y)^2]\}^{\frac{1}{2}}} \qquad (2\text{-}61)$$

式中:ρ_{xy} 为两个随机变量波动量之积的数学期望,又被称为协方差或相关性,该协方差表征了变量 x 和 y 之间的关联程度;σ_x、σ_y 分别为随机变量 x 和 y 的均方差,是随机变量波动量平方的数学期望。当对两个连续随机过程 $x(t)$ 与 $y(t)$ 进行测量时,可假定它们都是平稳(各态历经)的数据。由此,可引进新的关系变量,即 $x(t)$ 与 $y(t)$ 之间在时间滞后量 τ 下的相关系数

$$\rho_{xy}(\tau) = \frac{\displaystyle\int_{-\infty}^{+\infty} x(t)y(t)\,\mathrm{d}t}{\left[\displaystyle\int_{-\infty}^{+\infty} x^2(t)\,\mathrm{d}t \int_{-\infty}^{+\infty} y^2(t)\,\mathrm{d}t\right]^{\frac{1}{2}}} \qquad (2\text{-}62)$$

同时,假定 $x(t)$ 和 $y(t)$ 均是不含直流分量(信号均值为零)的波动信号,则两者的相关函数 R_{xy} 为

$$R_{xy}(\tau) = \int_{-\infty}^{+\infty} x(t)y(t-\tau)\,\mathrm{d}t \tag{2-63}$$

当 $x(t) = y(t)$ 时,有 $R_{xx}(\tau) = R_{xy}(\tau)$;而 $R_{xx}(\tau)$ 又被称为 $x(t)$ 自相关函数,即

$$R_{xx}(\tau) = \int_{-\infty}^{+\infty} x(t)x(t-\tau)\,\mathrm{d}t \tag{2-64}$$

若 $x(t)$ 和 $y(t)$ 为有限波动信号且为实数函数,则其相关函数为

$$R_{xx}(\tau) = \lim_{T \to \infty} \frac{1}{T}\left[\int_{-T/2}^{+T/2} x(t)x(t-\tau)\,\mathrm{d}t \right] \tag{2-65}$$

$$R_{xy}(\tau) = \lim_{T \to \infty} \frac{1}{T}\left[\int_{-T/2}^{+T/2} x(t)y(t-\tau)\,\mathrm{d}t \right] \tag{2-66}$$

在实际计算中,令 $x(t)$ 与 $y(t)$ 信号之间产生时差,结合相关函数定义即可获得该时差下两信号的相关性。同时,通过连续变化时差参数 τ ,亦可获得监测信号 $x(t)$ 与指定信号 $y(t)$ 的相关函数曲线。事实上,相关函数描述了两个信号不同时刻的相似程度,揭示了信号波形的结构特性[23]。试验人员在数据处理中通过相关分析常可发现信号波动中的一些不易察觉的规律。而相关函数法作为信号的时域分析方法之一,能够为船舶模型试验中相关参数的监测提供重要的特征信息,特别是对于在掺杂噪声信号背景下提取波动信号的有用信息。

2.8.3.2 自相关函数性质

在船舶不规则波试验中,监测到的运动和载荷信号是随机的,其常常可用正弦周期信号、宽带随机信号、窄带随机信号以及正弦波加随机噪声信号作为近似。因此,本节对具有代表性的这四类信号的自相关函数进行介绍。

(1)正弦周期信号,该信号的波动表达式为

$$x(t) = X\sin(2\pi f_0 t + \theta) \tag{2-67}$$

其信号波动如图 2.27 所示。

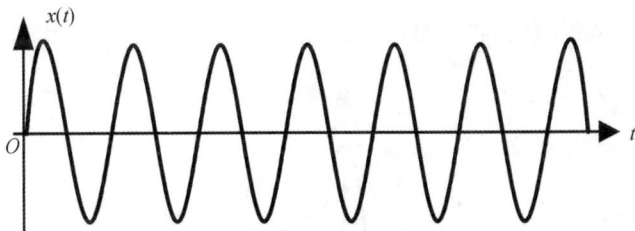

图 2.27 正弦周期信号波

假定角度参数 θ 在 $(0,2\pi)$ 上服从均匀分布,则角度参数出现的概率为

$$p(\theta) = \frac{1}{2\pi} \qquad (0 \leqslant \theta \leqslant 2\pi) \tag{2-68}$$

根据自相关函数的定义,该正弦波的自相关函数为

$$R_{xx}(\tau) = \frac{X^2}{2\pi}\int_0^{2\pi} \sin(2\pi f_0 t + \theta)\sin[2\pi f_0(t+\tau) + \theta]\,\mathrm{d}\theta = \frac{X^2}{2}\cos(2\pi f_0 \tau) \tag{2-69}$$

由式(2-69)可知,正弦波自相关函数是幅值等于正弦波均方值一半的余弦函数,如图 2.28 所示。在所有的时间滞后上,其自相关函数的包络线幅值保持常数。因此,根据记录的时间历程很容易精确地预测正弦波在未来任意时刻的幅值。

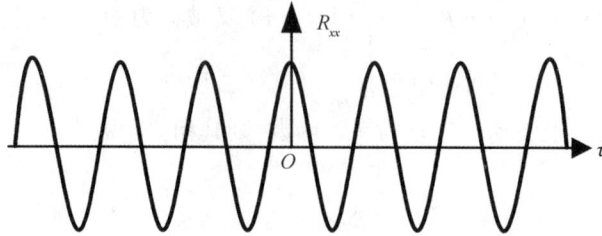

图 2.28　正弦波自相关函数

(2)宽带随机信号,该信号波动如图 2.29 所示。

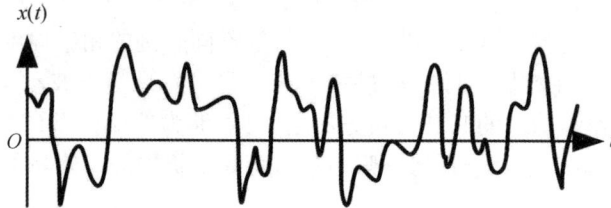

图 2.29　宽带随机信号

假定在带宽 B 上信号的自功率谱是均匀的,即

$$G_{xx}(f) = \begin{cases} G & 0 \leqslant f \leqslant B \\ 0 & f \geqslant B \end{cases} \tag{2-70}$$

根据自相关函数的定义,该信号的自相关函数为

$$R_{xx}(\tau) = \int_0^B G\cos(2\pi f\tau)\,\mathrm{d}f = GB\left[\frac{\sin(2\pi B\tau)}{2\pi B\tau}\right] \tag{2-71}$$

而图 2.30 给出了宽带随机信号的自相关函数分布特征。

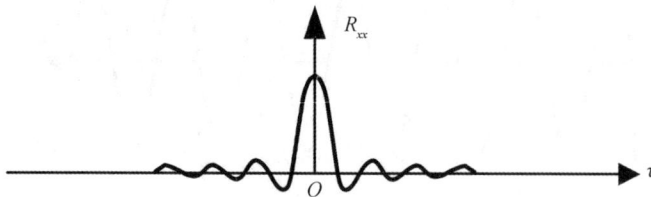

图 2.30　宽带随机信号的自相关函数

由图 2.30 中自相关函数的分布特征可知,该宽带随机信号的自相关函数包络线下降很快,且第一个零交点位于 $1/(2B)$。而从 $\tau=0$ 到 $\tau=1/(2B)$ 的自相关函数波动特征随着时差参数 τ 的变化并未重现。由此可知,宽带随机信号在时间历程上是混乱的,其相对自身函数不具备较强的周期性和关联性。因此,对于宽带随机信号而言,仅仅通过记录过去时间的信号波动是无法有效进行未来时间上的信号预报[24]。

（3）窄带随机信号，信号波动如图2.31所示。

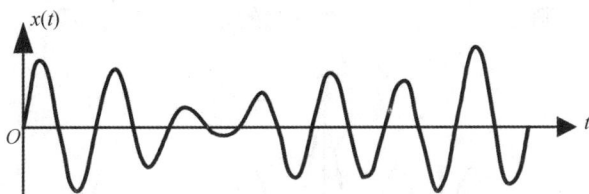

图2.31　窄带随机信号

假定在窄的频带 B（以 f_0 为中心频率）上，该信号的自功率谱服从均匀分布，即

$$G_{xx}(f) = \begin{cases} G & f_0 - B/2 \leqslant f \leqslant f_0 + B/2 \\ 0 & \text{其他} \end{cases} \tag{2\72}$$

根据自相关函数的定义，该信号的自相关函数为

$$R_{xx}(\tau) = GB\left[\frac{\sin(\pi B\tau)}{\pi B\tau}\right]\cos(2\pi f_0\tau) \tag{2-73}$$

图2.32给出了窄带随机信号自相关函数分布特征。

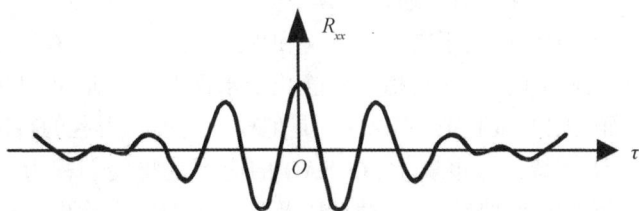

图2.32　窄带随机信号自相关函数

由图2.32可知，当频带 B 很小时，该信号的自相关函数与时差参数轴的第一个交点位于 $\tau = 1/B$ 处，且该自相关函数的包络线缓慢趋于零。同时，亦可以发现从 $\tau = 0$ 到 $\tau = 1/B$ 的自相关函数波动特征随着时差参数 τ 的变化呈现缓慢衰减的过程。因此，对于窄带随机信号而言，在时间差距较小时，其信号波动具有一定的关联性。而这种现象有助于改善相近未来时间段的信号预测，但在较远未来时间段的信号波动预报上可靠性不高。

（4）正弦波加随机噪声信号，信号波动如图2.33所示。

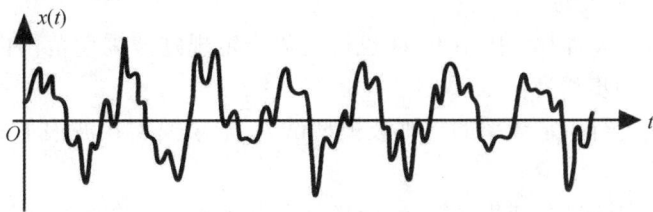

图2.33　正弦波加随机噪声信号

根据自相关函数的性质可知，正弦波加随机噪声信号的自相关函数可化为正弦信号与宽带随机信号的自相关函数之和，即

$$R_{xx}(\tau) = \frac{X^2}{2}\cos(2\pi f_0\tau) + GB\left[\frac{\sin(2\pi B\tau)}{2\pi B\tau}\right] \tag{2-74}$$

图 2.34 给出了正弦波加随机噪声信号的自相关函数分布特征,其中该信号自相关函数呈现的衰减现象反映了宽带随机信号的属性,而等幅的余弦波波动体现了正弦信号的性质。

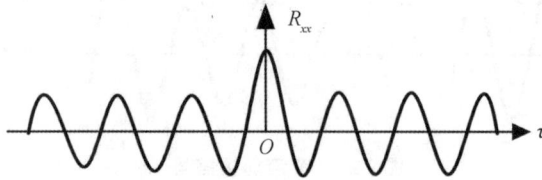

图 2.34　正弦波加随机噪声信号的自相关函数

2.8.4　响应幅度算子

响应幅度算子(Response Amplitude Operator,RAO)是船舶与海洋工程专业领域中相关数据统计的概念,主要用于衡量船舶在波浪中航行时的运动和载荷等特征关系。响应幅度算子一般可以通过船舶的水池模型试验或者 CFD 计算机程序来获得。其本质是一个由波浪激励到船体运动的传递函数。此传递函数可通过计算不同波浪情况下的船体运动和载荷获得。

响应幅度算子的计算,主要应用于白噪声试验和规则波试验,一般在船舶拖曳水池或海洋工程水池完成。白噪声试验中的 RAO 是指船模静止于水面时船体运动和载荷传感器监测到的细微信号波动特征,而规则波试验中的 RAO 则是船模在造波机引起的特定波长和频率下运动和变形所产生的信号波动特征。事实上,在 RAO 的应用是将船舶视为一个完整的响应系统,其中波浪环境参数为输入,而船舶运动、载荷以及受力等响应为输出。RAO 分析亦是信号相关性分析的一部分,目的在于得到船舶系统频率响应函数。该频率响应函数为系统本身的特性,与输入量无关。试验人员通过建立船舶系统的频率响应函数,即可预报相关海况下船舶的运动和受力等特性。

在船舶符合线性系统的假定下,如果输入的变量是波浪波动和波浪谱密度函数 $S_x(\omega)$,而输出的变量是监测到的信号波动和响应谱密度函数 $S_y(\omega)$,则响应幅度算子 RAO 表达式为

$$\text{RAO} = |H(\omega)|^2 = \frac{S_y(\omega)}{S_x(\omega)} \tag{2-75}$$

式中:$H(\omega)$ 为该船舶系统的响应函数。

此外,在一些船舶水动力分析中 RAO 也被视为指定规则波周期范围内单位波高的试验值。因此,RAO 计算的步骤为:

(1)在试验水池进行指定频率的规则波模型试验,记录模型在波浪下的运动和载荷响应时历。

(2)将响应时历曲线进行傅里叶变换,分析该入射波频率下的船舶响应幅值。

(3)响应幅值和入射波波幅的比值即为 RAO 值。

参考文献

[1] 戴仰山,沈进威,宋竞正.船舶波浪载荷[M].北京:国防工业出版社,2007.

［2］唐浩云.三体船三维时域波浪载荷计算方法研究及其应用［D］.哈尔滨:哈尔滨工程大学,2018.

［3］张楷弘.大外飘船舶非线性波浪载荷时域水弹性分析方法与应用研究［D］.哈尔滨:哈尔滨工程大学,2018.

［4］刘伟,刘金梅.基于相似模型的导管架平台波浪载荷数值模拟［J］.石油矿场机械,2014,43(5):10-13.

［5］李琪华,杜双兴,邱强,等.整体弹性船模水弹性理论与试验［J］.水动力学研究与进展,1996,1996(6):628-636.

［6］杜娟.长艏楼型船舶波浪载荷试验与计算分析［D］.哈尔滨:哈尔滨工程大学,2016.

［7］丁军,汪雪良,田超,等.大型散货船波激振动和砰击振动模型试验研究［C］.第二十五届全国水动力学研讨会暨第十二届全国水动力学学术会议文集:上册,2013:513-521.

［8］陈占阳,任慧龙,李辉.水弹性理论与分段模型试验在船体振动响应分析中的应用［J］.振动与冲击,2012,31(24):119-124.

［9］陈占阳,桂洪斌.基于不同试验方法和非线性水弹性时域理论的鞭振弹振响应研究:英文［J］.船舶力学,2017,21(09):1145-1159.

［10］焦甲龙,任慧龙,杨虎,等.分段模型波浪载荷试验槽型龙骨梁设计与研究［J］.振动与冲击,2015,34(14):11-15.

［11］王一雯,吴卫国,刘正国,等.基于弯扭组合的江海直达船舶波激振动模型试验研究［J］.振动与冲击,2018,37(12):193-200.

［12］TANG H Y, REN H L, WAN Q.Investigation of Longitudinal Vibrations and Slamming of a Trimaran in Regular Waves［J］.Journal of Ship Research, 2017, 61(3):153-166.

［13］汪雪良,胡嘉骏.三体船波浪载荷模型测试技术研究［C］.船舶力学学术委员会成立三十周年暨学委会第七届全体会议,2010.

［14］JIAO J L, REN H L, ADENYA C A. Experimental and Numerical Analysis of Hull Girder Vibrations and Bow Impact of a Large Ship Sailing in Waves［J］.Shock and Vibration,2015(3):1-10.

［15］马勇,张亮,周广利,等.船模重量、重心及转动惯量测量系统设计［J］.哈尔滨工程大学学报,2011,32(1):6-10.

［16］任慧龙,田博,仲琦.三体船分段模型波浪载荷试验研究［J］.船舶力学,2017,21(1):1-7.

［17］JIAO J L, REN H L, SUN S Z, et al.Investigation of a ship's hydroelasticity and seakeeping performance by means of large-scale segmented self-propelling model sea trials［J］.Journal of Zhejiang University SCIENCE A, 2016, 17(6) : 468-484.

［18］宋美霞.长艏楼型船舶砰击载荷试验与计算分析［D］.哈尔滨:哈尔滨工程大学,2016.

［19］马山,段文洋,王冰,等.三体船在斜浪规则波中运动响应预报方法研究［J］.水动力学研究与进展 A 辑,2012,27(2):224-230.

［20］陈宗煌,许勇,董文才.船舶耐波性试验测量数据处理系统开发及应用［J］.船海工程,2014,43(3):33-36.

［21］房国志,杨超,赵洪.基于FFT和小波包变换的电力系统谐波检测方法［J］.电力系统保护与控制,2012,40(5):75-79.

［22］曹伟丽.快速傅里叶变换的原理与方法［J］.上海电力学院学报,2006(2):192-194.

［23］孙海龙.基于虚拟仪器技术的 FFT 分析系统设计与实现［D］.西北工业大学,2006.

［24］崔东东,张恒璟,程鹏飞.一种自相关函数绝对值均值变点的去噪方法［J］.测绘科学,
2019,44(12):42-49.

第3章　船舶模型试验测试方法

为了能够有效地分析船舶在复杂海洋环境中的运动和载荷特点,在模型试验中需要对船模所在的波浪环境和船模自身参数进行实时的监测和记录。本章将从试验设备的选取、试验参数的标定以及监测传感器的安装等方面来详细说明模型试验中波浪、船舶模型运动、船体加速度以及船体剖面载荷等关键参数的测量方法,从而指导相关试验人员进行模型试验。

3.1　波浪测量

在船舶模型试验中,不可避免地要涉及波浪浪高的记录。根据试验需求不同,往往需要采用不同的波浪测量仪器和方法[1-3]。现阶段波浪主要的测量形式有:固定式浪高测量、随车式浪高测量以及随船式浪高测量。

3.1.1　固定式浪高测量

固定式浪高测量主要是依赖模型水池造波机前方安装的大型固定式浪高仪,此种浪高仪往往布置在距离水池造波机不远处,一般用于检测造波机生成的波浪质量,如图3.1所示。固定式浪高仪的相对精度较高,能够很好地记录模型试验时水池波浪起伏的时域特征[4]。

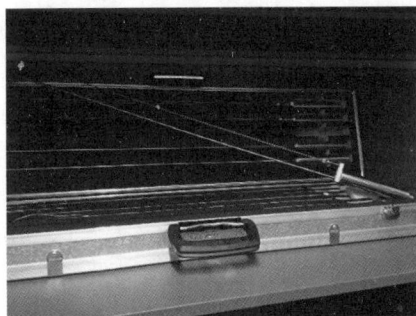

（a）固定式浪高仪的监测末端　　　　　　（b）不规则波浪校核

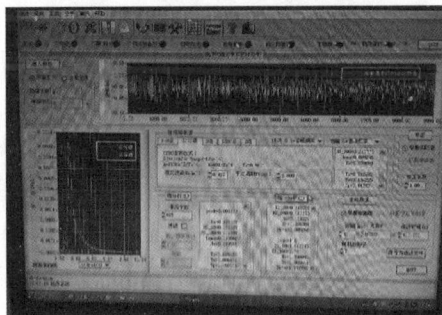

图3.1　固定式浪高仪与造波校核

在一般模型试验中,固定式浪高仪需要满足:量程0~30 cm,精度0.05%F.S。其中F.S(Full Scale)表示仪器满量程精度,与读数精度相区别。考虑到试验场所的环境和监测仪器的承受力,一般的固定式浪高测量采用+12 V供电,并使其控制信号输出范围为4~20 mA。

3.1.2　随车式浪高测量

在模型试验水池中,固定式浪高测量虽然能够较为准确地描述水池中波浪的起伏,但其无法考虑水池波浪在传播中可能出现的衰减以及船舶航行时船行波对于波浪的影响。而这些影响将为船舶运动和载荷的测量引入不必要的误差。事实上，试验测试人员往往更为关注船模在航行时其船首和尾部附近真实遭受的波浪特征，因此，需要一种可随船舶模型一起移动的浪高测量手段。结合模型试验的经验，试验测试人员建立了随车式浪高测量方法。随车式浪高测量是将波浪测量仪器固定在水池拖车上随拖车移动，从而能够测量船舶模型遭遇波浪质量的试验手段。

为了减少波浪监测对于模型试验精度的影响，在随车式浪高仪上需要采用非接触伺服式浪高仪进行监测，如图 3.2 所示。由于采用非接触式测量方法，随车式浪高测量的精度相对固定式浪高测量而言有所下降。同时，在进行模型有航速试验时，试验测试人员需要根据船舶模型与波浪传播的相对速度调节随车式浪高仪的测量强度。

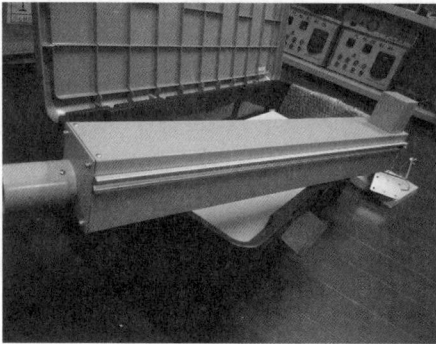

（a）非接触式浪高仪的监测末端　　　　（b）随车式浪高仪控制器

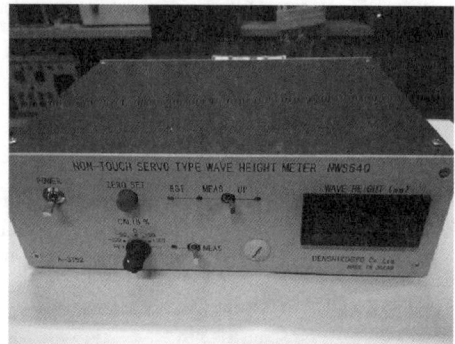

图 3.2　随车式浪高仪控制器

3.1.3　随船式浪高测量

在大波高环境下，船舶的波高会超越船舶干舷从而拍打到船舶主甲板上，这种现象被称为甲板上浪。由于甲板上浪以及船舶底部的砰击都需要考虑船舶与波浪的相对高度差，因此试验测试人员进一步设计了随船式浪高测量方法，如图 3.3 所示。随船式浪高测量主要是将波浪测量仪器固定在船舶模型上，从而实现船体与波浪相对运动、甲板上浪相对高度的测量。随船式浪高仪主要由顶部采集电路、底端固定支座、钽丝、不锈钢支撑杆等构件组成，其中底端固定支座通过四个直径为 4 mm 的通孔与甲板相连。在船舶模型试验时，为了确保不锈钢支撑杆不会对上浪高度的测量产生明显影响，需要根据来流方向设计随船式浪高仪的布置方向，使得钽丝一侧迎浪。顶端采集电路一般通过四芯线与稳压电源、数据采集器相连，从而完成仪器供电与信号采集。

考虑到随船式浪高仪终端测量环境的变化幅度较大、环境较为恶劣等特点，随船式浪高仪在测量上一般采用线性好、功耗低、测量精度高、性能稳定、标准大信号输出、抗干扰能力强等优点的电容式波高传感器。其传感器采用一体式结构，并以低电压（直流 5 V）供电且大信号输出。随船式浪高仪一般需要满足：量程 0~25 cm/30 cm；非线性测量精度±0.5%F.S；迟滞性与可重复性±0.05%F.S；长期稳定性±0.1%F.S /Y；热力零点飘移±0.02%F.S /℃；传感器监测环境温度−40~65 ℃等条件。

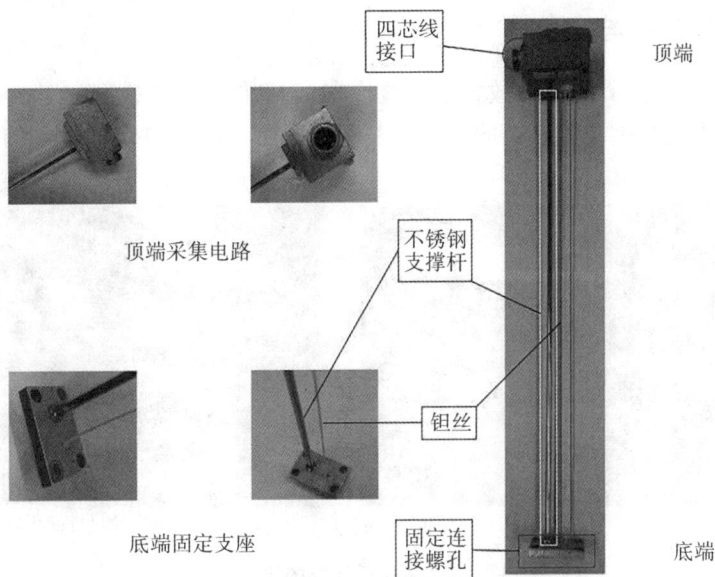

图 3.3 随船式浪高仪设计

3.2 船舶模型运动测量

对于不同波浪下船舶模型运动的测量,主要依赖于试验水池中的智能适航仪[5]。事实上,适航仪是船舶模型试验中不可或缺的试验设备,其主要用于船模六自由度运动的测量。此外,在船模自航试验中适航仪也具有稳定航向作用。图 3.4 给出了拖曳水池常用的两种接触式船模适航仪。接触式适航仪是一个由铰接杆、弹簧、钢绳索等构件组成的测量仪器。在船舶模型试验中,适航仪将与模型和拖车相连接,并利用安装在适航仪上的电位计来测量角位移和线位移。

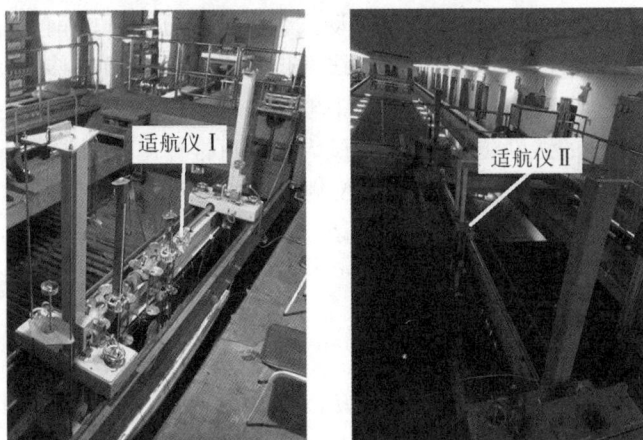

图 3.4 船模适航仪

3.2.1 适航仪设计与安装

对于适航仪而言,其一般被放置于水池拖车上,且位于船舶模型的正上方。适航仪通过船模内部的木质平台与钢质铰接杆的连接来实现船体运动时多自由度运动的传动与测量,如图3.5所示。

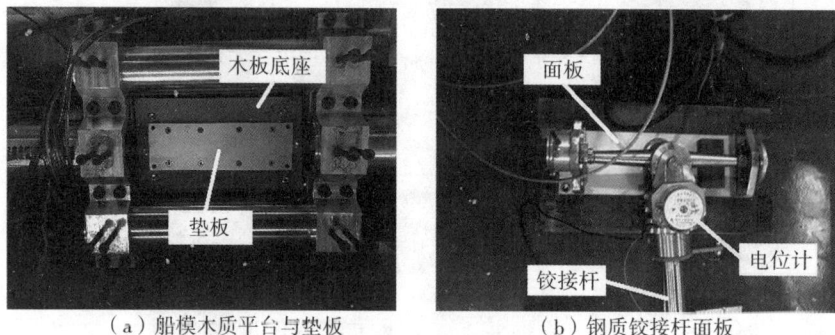

（a）船模木质平台与垫板   （b）钢质铰接杆面板

图 3.5 船模适航仪的设计与安装

在安装适航仪时,需要保证其电位计中心在船模的重心位置。为方便安装和固定,铰接杆底端往往布置一块具有多个固定孔的钢质面板,同时在木质平台上亦采用同样尺寸的垫板。该垫板与铰接杆底端的面板贴合,并采用钢钉进行固定。通过平台垫板与铰接杆面板的固定,适航仪与船舶模型实现了柔性连接。此外,由于实际的电位计中心与平台垫板之间是有一定距离的,该距离所引起的监测位置高度的变化应在设计船模木质平台时得到考虑。对于一般的模型试验,试验测试人员同样也可通过适当降低适航仪的重心高度来弥补监测位置差异的影响。在测量船舶运动时,两铰接杆分别布置于船模重心前后两侧,使得船模重心位置尽量位于两铰接杆距离中点附近。考虑到铰接杆滑动范围有限,两杆间距一般需小于 2 m。事实上,船舶模型运动监测数据都是由适航仪中安装的 8 个旋转电位计获得的。电位计将直接与低压直流电源和数据采集器连接。旋转电位计可通过内部拉绳旋转的角度来改变自身电阻,从而通过监测电流的变化来获得船舶运动相关的动态数据。

在船舶垂荡运动等线位移的测量上,主要是通过监测船舶运动过程中与其固定的铰接杆运动来实现的[6]。随船模运动的铰接杆将带动安装在铰接杆顶部的钢丝绳移动,从而进一步引起相关滑轮转动。这种设计将船舶运动的线性位移转化成了角位移,并被 4 个旋转电位计记录。而试验测试人员则可通过监测电位计中电流波动来进一步观察铰接杆的运动状态。最后,通过插值两个铰接杆的线性位移,试验测试人员即可推算出模型重心处的垂荡运动。具体的适航仪安装设计图如图3.6所示。而适航仪测量船模运动的原理为

$$Z(t_2) = \frac{\Delta H_1 L_2 - \Delta H_2 L_1}{L_1 + L_2} \tag{3-1}$$

$$\beta(t_2) = \arctan \frac{\Delta H_2 - \Delta H_1}{L_1 + L_2} \tag{3-2}$$

$$\Delta H_i = H_i(t_2) - H_i(t_1) \quad (i = 1,2) \tag{3-3}$$

$$\theta(t_2) = \frac{\Delta \phi_1 L_2 - \Delta \phi_2 L_1}{L_1 + L_2} \tag{3-4}$$

$$\Delta\phi_i = \phi_i(t_2) - \phi_i(t_1)\ (i = 1,2) \tag{3-5}$$

式中:t_1和t_2为适航仪两铰接杆记录的时间;H_1和H_2为适航仪两铰接杆记录的垂向线性位移;ϕ_1和ϕ_2为适航仪两铰接杆面板记录的横摇角位移;Z为船舶模型重心处的垂荡运动;β为船舶模型重心处的纵摇运动;θ为船舶模型重心处的横摇运动。

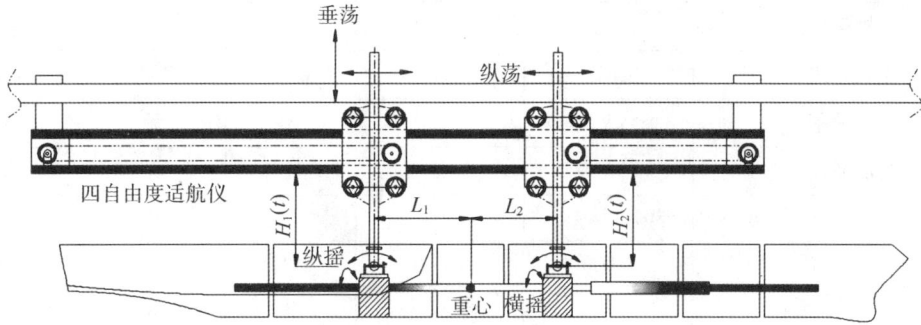

图3.6 适航仪安装设计图

对于船舶模型的角位移测量,即船舶纵摇和横摇运动测量,则是通过监测铰接杆面板的俯仰角和横摇角来实现。这些角度波动被齿轮组系统进一步放大,并最终被4个旋转电位计记录。图3.7给出了船模与简易适航仪的安装。

图3.7 船模与简易适航仪的安装图

在一般模型试验中,适航仪需要满足:垂荡信号精度0.5%F.S,分辨率±1 mm;纵摇信号精度0.1%F.S,分辨率±1°;横摇信号精度0.1%F.S,分辨率±1°。

3.2.2 适航仪的标定与使用

在进行船舶航行试验的运动测量前,试验测试人员需要对船模试验所搭载的适航仪进行标定试验。标定试验实施前,试验测试人员需要将适航仪与数据监测系统连通。在适航仪进行垂荡标定时,铰接杆末端接触的平面要保持绝对水平。适航仪静置一段时间后,开始改变铰接杆的高度。每改变一次铰接杆高度,试验测试人员将记录一次电压信号值。结合最小二乘法,试验测试人员可推算出适航仪垂荡的标定系数。在适航仪纵摇标定中,首先在铰接杆末端的面板处于水平时记录一次电压信号值。然后,试验测试人员将有固定角度的楔形块放置在铰接杆面板下方,使面板倾斜达到稳定状态,并再次记录电压信号值。根据计算电压信号变化的斜率,试验测试人员即可得到适航仪纵摇标定系数。而横荡和横摇亦可参照适航仪垂荡和纵摇的方法进行标定。表3.1给出了适航仪标定时的参数设计。

表 3.1 适航仪标定时的参数设计表

设置内容			横荡	纵荡	垂荡	纵摇	横摇
测量量			位移	位移	位移	位移	位移
工程单位			cm	cm	mm	°	°
测量类型			电压	电压	电压	电压	电压
输入方式			直流	直流	直流	直流	直流
上限频率			无	无	无	无	无
抗混滤波			无	无	无	无	无
标定系数	电学量	标定点一	0	0	0	0	0
		标定点二	1 000	1 000	1 000	1 000	1 000
	物理量	标定点一	0	0	0	0	0
		标定点二	19.192	19.192	153.46	−8.22	−8.22
量程			−95.96~95.96	−95.96~95.96	−306~306	−16.45~16.45	−16.45~16.45

对于一般的船舶运动测量而言,推荐适航仪采样频率为 20~50 Hz。相关监测经验表明,该采样频率范围内的监测信号往往不会掺杂过高的高频噪声信号,同时试验测试人员也能很好地获得船舶运动实时曲线。对于一些高速工况,试验测试人员可适当采用分通道滤波方法来提取船舶运动特征。在数据采集系统中通过适航仪获得的船舶运动曲线,如图 3.8 所示。

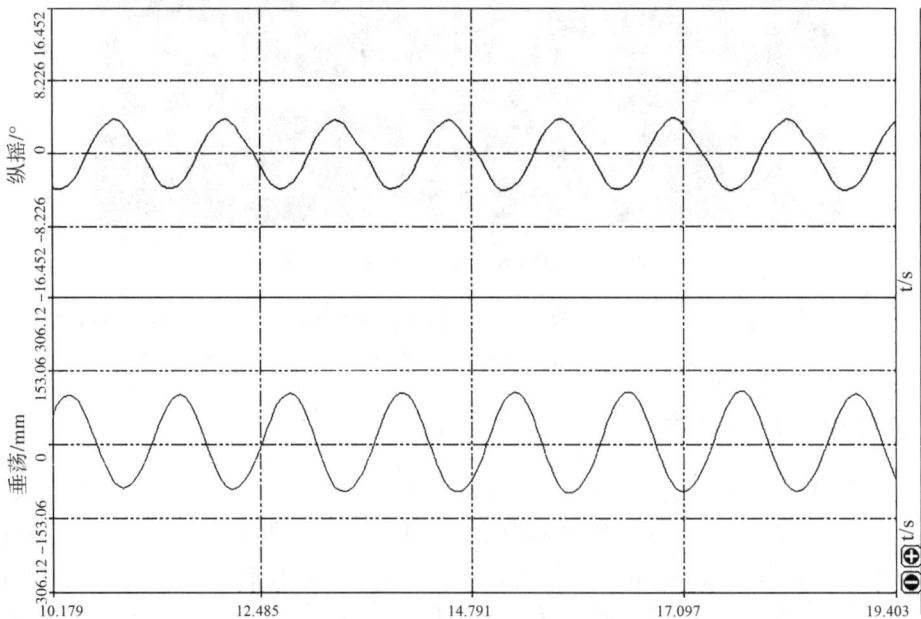

图 3.8 适航仪获得的船舶运动曲线

由相似原理可知,试验监测所获得的模型纵摇和横摇运动时历曲线即为实船在指定工况下的纵摇和横摇运动曲线。而试验监测所获得的模型纵荡曲线则需要按缩尺比换算到实船尺度。此外,试验监测所获得的模型垂荡运动结果是船模重心处的垂荡时历曲线,该时历曲线也需要按缩尺比换算至实船重心处。

3.3 船体加速度测量

在船模试验中,船舶运动加速度的变化也是试验测试人员关注的重要参数之一,特别是在模型冲击载荷测试中,加速度的测量能够更加直观地反映船体与波浪冲击之间的关联。

3.3.1 加速度测量的硬件与布置

在船体加速度的测量上,主要采用两种方法:第一种方法为船舶运动测量数据的二次处理。通过对监测到的船舶运动曲线进行时间求导,试验测试人员可以获得船舶运动的加速度曲线。此种方法依赖于船舶运动的监测,但由于运动监测信号中白噪声和不光顺的特点,其获得的加速度曲线往往也会出现局部突变。因此,该方法目前无法准确地反映船舶运动时的加速度变化特征。而第二种方法则是使用高精度加速度传感器来进行模型加速度响应的直接测量。目前常见的加速度测量系统主要由加速度传感器、电源盒以及电源连接线所组成,如图3.9所示。其中,加速度传感器的量程为 $-19.6 \sim +19.6 \ \mathrm{m/s^2}$。

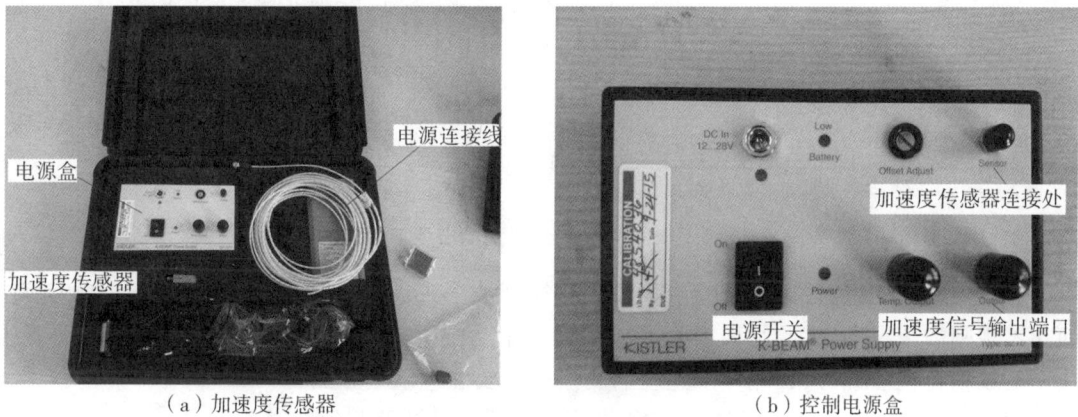

（a）加速度传感器　　　　　　　　　　　（b）控制电源盒

图 3.9　船舶加速度测量系统

在船舶加速度的测量上,一般在船首部、中部以及尾部的甲板上分别布置一个加速度传感器。在各方向均匀粘贴的条件下,试验测试人员可采用绝缘胶带固定该加速度传感器,并保障加速度传感器正面(带有字母商标)朝上。同时,在加速度传感器和甲板之间可利用适当厚度的胶条进行防水减振。在线路连接上,控制电源盒的一端通过白色一芯电源连接线与加速度传感器相连接,另一端则利用信号输出线来连接数据采集系统。控制电源盒由所安装的电池供电,试验测试人员使用时需要将电源信号灯打开。待信号灯亮起时,控制电源盒被视为供电正常,可以进行加速度监测。由于船舶加速度的测试主要用于研究船舶外壳冲击载荷,在采样频率的选择上一般偏高,试验测试人员可采取的采样频率范围为 $50 \sim 100 \ \mathrm{Hz}$。

3.3.2 加速度传感器的标定与使用

与其他传感器的使用类似,在进行船模试验之前需要对加速度传感器进行标定。传统加速度传感器的标定试验步骤如下:

（1）将加速度传感器正面向上水平放置，静置 1 min 后对监测到的数据清零。

（2）将加速度传感器侧立，观察数据的波动并读取稳定后的数值。同时，比较数值与重力加速度 g（9.8 m/s²）是否基本相等。

（3）将加速度传感器倒置，读取稳定后的数值。同时，比较稳定数值与 2 倍重力加速度是否基本相等。

（4）在两次翻转加速度传感器的过程中，如果稳定数值均相等则说明加速度传感器测量正常；如数值不相等，需要根据其比例关系计算加速度传感器的标定系数。

结合加速度标定试验，试验测试人员在监测系统中对加速度监测的相关系数进行设置，从而在加速度与监测电压信号之间建立可靠的传递函数关系。设置完成的监测系统将能够有效地监测船舶在波浪中运动加速度的波动，如图 3.10 所示。

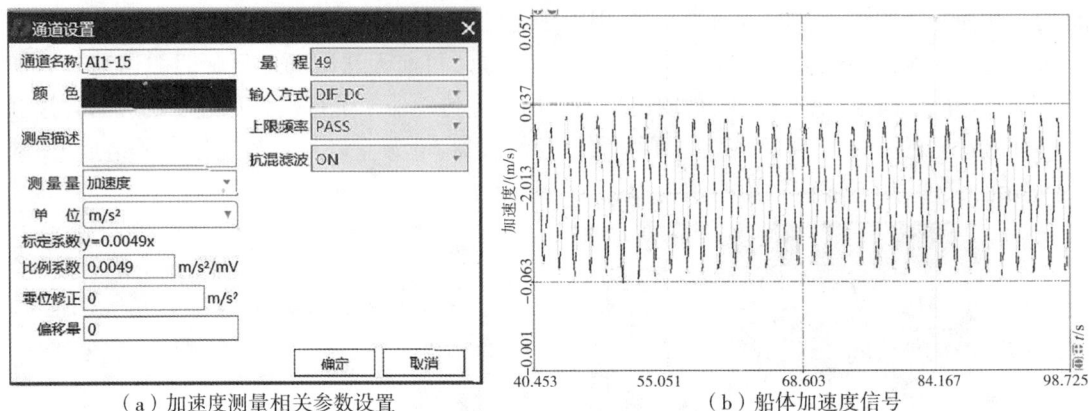

| （a）加速度测量相关参数设置 | （b）船体加速度信号 |

图 3.10 加速度测量系统的设置与监测

对于规则波工况，可以将试验测量数据与规则波下理论计算的 RAO 结果进行对比研究。而在不规则波工况中，试验结果需要进行数值统计，从而能够进一步分析出船舶复杂运动下加速度的波动特征。此外，在船体加速度的测量中需要注意以下方面：

（1）加速度属于精密传感器，在安装过程中需要格外注意避免磕碰。

（2）加速度传感器耗电较快，试验时注意检查加速度信号，及时更换电池。

3.4　船体剖面载荷测量

3.4.1　船体梁变形的监测

在船舶载荷试验中，剖面载荷的测量主要依赖于附着在分段模型内部的船体梁。船体梁的设计详见 2.3 节。船体梁主要是用于模拟船体结构刚度的分布，因此其变形的大小将侧面反映船舶遭受的剖面载荷[8]。为了测量船舶在波浪中的整体变形，在船体梁的关键位置处布置应变片，如图 3.11 所示。应变片是一种监测结构表面变形的传感装置，其具有灵敏度高、易安装等特点[9-10]。应变片中配备了电压输入线和信号传输线，其中电压输入端共包含 3 根电压线，分别为+12 V 输入线、−12 V 输入线和地线；而输出线包含 2 根信号线，通过测量两信号传输线间的电势差来确定监测位置处应变的变化。在试验中,利用应变片来监测船体梁表面应变的波动来实现船体剖面载荷的测量。

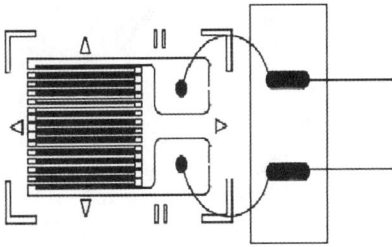

（a）应变片原理示意图　　　　　　（b）应变片实物图

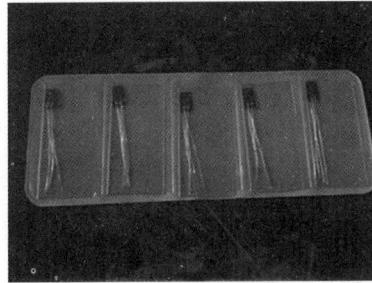

图 3.11　应变传感器

3.4.2　应变传感器的设计与安装

在船舶载荷的测量上,应变传感器的设计以及安装是至关重要的,其直接影响载荷监测的精度。针对复杂多变的载荷特点,试验设计人员往往利用多个应变片进行组合来构建船体梁的应变传感器。

根据不同形式的剖面载荷和船体梁表面条件,应采用不同的电桥连接方式来设计应变传感器。对于方形船体梁而言,通过在船体梁表面粘贴应变片可以较为简便地实现船舶垂向弯曲变形和水平弯曲变形的测量工作。而对于圆环形船体梁,应变片则可以通过合理的布置形式进一步测量船体的扭转变形[11]。在圆环形船体梁上进行垂向弯矩、水平弯矩以及纵向扭矩的测量时,其应变片布置与电路连接方式如图 3.12、图 3.13、图 3.14 所示。

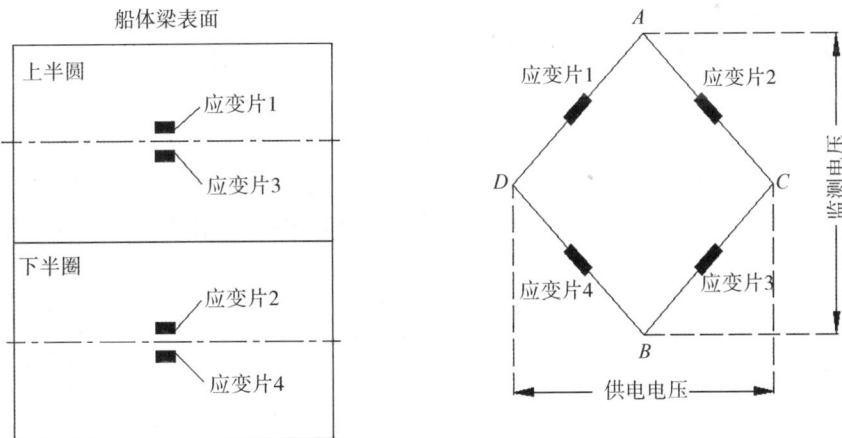

图 3.12　测量垂向弯矩的应变片布置与电路连接方式

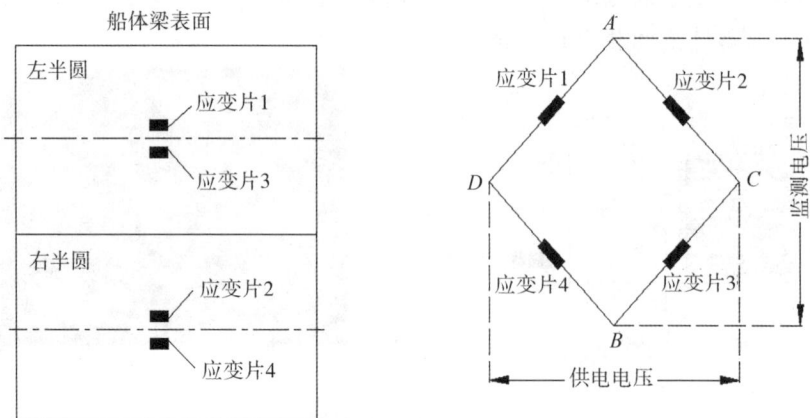

图 3.13　测量水平弯矩的应变片布置与电路连接方式

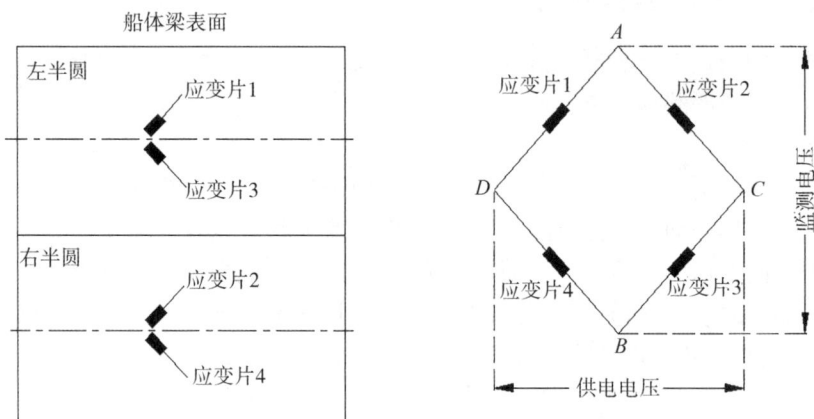

图 3.14　测量纵向扭矩的应变片布置与电路连接方式

同时,在应变传感器的安装上,应遵循以下步骤:

(1)应变片的选择

在试验设计时,需要根据模型尺寸选取大小合适的应变片规格。常用应变片的电阻有 120 Ω 和 350 Ω 两类,其中 120 Ω 型应变片在船舶模型试验中应用较广。该应变片的相关参数可见表 3.2。

表 3.2　应变片相关参数

应变片参数	具体数值
电阻/Ω	120
输入电压/V	±12
输出电压/V	−5~5
测量精度（F.S）	0.1%
工作环境温度/℃	−20~80
采样频率/Hz	10~100

（2）应变片安装前的检查

在应变片安装之前,试验测试人员需要对应变片进行检查[12]。其安装检查主要包括查看盖层是否破损;敏感栅是否有锈斑;引线有无折断;敏感栅排列是否整齐;敏感栅有无短路、缺口、断栅、划伤和变形;基底是否有气泡、皱折、坑点存在,等等。此外,需要对应变片的电阻进行测量,电阻应该精确到 0.1 Ω。

（3）应变片表面清洁处理

应变片在使用前,试验测试人员需要对应变片表面进行清洁。在清洁过程中,试验测试人员采用无水乙醇对应变片的两面进行擦拭。对没有盖层的应变片,试验测试人员应顺着敏感栅的方向轻轻擦拭,并在洗净工作完成后采用红外线灯或其他烘干装置进行烘干。

（4）船体梁贴片区表面光顺处理

为了使应变片粘贴牢固,试验测试人员需要对船体梁贴片区的表面进行机械、化学处理。处理范围为应变片面积的 3~5 倍,主要是除去油污、锈斑、氧化膜、镀层、涂料等。根据试件材料,试验测试人员可选用粒度 220~400 目的砂纸进行打磨。在船体梁贴片区,试验测试人员应打出与贴片位置呈 45°角的交叉条纹,并采用丙酮、无水乙醇、三氯乙烷、异丙醇等有机溶剂来清洗打磨部位。同时,试验测试人员用无水乙醇对打磨区域做进一步清洗,直至所用棉球上观察不到任何污渍[13]。值得注意的是,试验测试人员在擦洗打磨区域时需沿单一方向进行。而清洗干净的打磨区域需避免手触摸等再次污染,试验测试人员待溶剂挥发完全后立刻进行贴片。

（5）应变片胶黏剂选择与涂抹

应变片胶黏剂需参考应变片胶黏剂使用说明书规范选取。一般的船舶模型,可选择高温固化胶黏剂或常温固化胶黏剂。许多胶黏剂要求涂底胶,并需要适当的热固处理。底胶面积约是应变片面积的 1.5 倍。底胶一般采用与贴片胶相同的胶黏剂,厚度应控制在 0.01~0.03 mm 并按相应的固化参数进行充分固化。在满足黏合和绝缘强度的前提下,黏结层越薄越好。薄黏结层将能够避免胶层的不均匀性而造成的蠕变降低和灵敏度系数分散,从而使应变片保持较强的监测应变能力。而对于不需要涂刷底胶的胶黏剂,如 H-600 胶、H-610 胶等。这些胶黏剂的黏结能力强、绝缘强度高、蠕变小,因此可直接涂用。

（6）应变片粘贴

应变片的粘贴是整个应变片传感器安装过程中最为关键的步骤,其对后续剖面载荷的测试精度有着直接的影响。在应变片粘贴前,试验测试人员对所需的工具、量具(如镊子、刀片、玻璃板)等用丙酮清洗干净,并在整个粘贴过程中带上洁净的细纱手套。同时,试验测试人员需在贴片部位用 3H 绘图铅笔、无油圆珠笔做上定位标记。接着,试验测试人员需利用化妆笔在试件表面贴片部位和应变片监测面上分别涂刷胶黏剂,并使胶黏剂稍稍晒干。待胶液略有发黏时,试验测试人员应将应变片的中心线对准试件的定位线来精准粘贴。应变片粘贴后,试验测试人员需进一步盖上一层聚四氟乙烯膜,并沿着应变片轴线方向用手指滚压 1~2 min,从而排净气泡并挤出多余胶液。按压至胶黏剂自然干燥后,试验测试人员揭掉聚四氟乙烯薄膜。在揭掉薄膜的过程中,由于应变片是带有引线的,试验测试人员要从无引线的一端开始揭起且用力方向尽量与粘贴表面平行,从而预防揭掉薄膜时将应变片带出。图 3.15 给出了应变片粘贴完成后的形式。

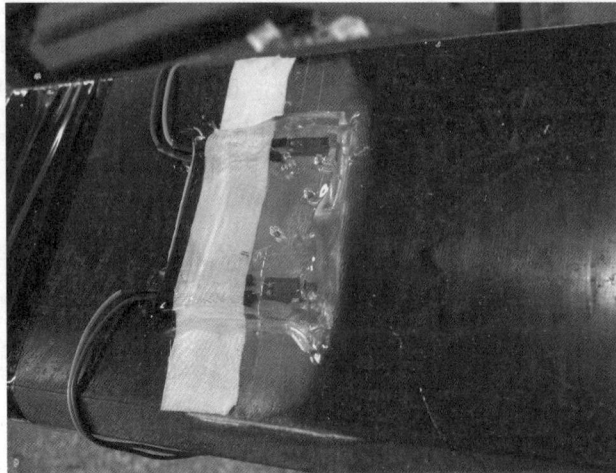

图 3.15　应变片粘贴完成后的形式

（7）胶黏剂加温固化

由于目前国内外常用的胶黏剂大多数都需要加热固化，因此在应变片粘贴时需要保持干燥的环境，并通过热风机对应变片粘贴位置的胶黏剂进行加温固化。吹风时，试验测试人员应尽量避免近距离直吹。试验测试人员可在适当距离位置处搭设加温台，通过侧向吹风加温来完成胶黏剂的固化工作。

（8）贴片后应变片粘贴检查

应变片粘贴完毕后，试验测试人员要对应变片进行认真检查。检查主要分为两个方面：第一个方面是粘贴工艺检查，第二个方面是应变片质量检查。粘贴工艺检查，主要是观察应变片监测面是否有损失，贴片位置准确与否，粘贴中是否存在气泡，以及传感器是否出现局部未完全粘贴等情况。如出现粘贴工艺有问题时，应铲除重贴。而对应变片质量检查，则主要是关注粘贴过程是否对应变片本身以及功能造成不利影响。其主要检查应变片是否短路、断路或敏感栅变形，并测量应变片的绝缘阻值，粘贴前后应变片的绝缘阻值的变化应小于 1.0%。

（9）应变片导线连接

应变片仅仅为应变传感器的终端，因此在应变片粘贴完成后需要通过引线将应变片与导线连接，从而通过导线将应变数据传输到数据采集器中。

在应变片与引线焊接前，试验测试人员需要采用水砂纸或含砂橡皮轻轻擦除焊端表面残留胶液和氧化物，并清洗干净。该操作将为焊接提供便利，避免了在后续的引线焊接时焊端的破坏。试验测试人员在焊接时应注意焊接温度不能太高，焊接时间不能太长，避免高温对应变片阻值以及绝缘强度产生不利影响。焊接引线应采用质地柔软的线材，以免长时间受力引起线材受损或脱落。此外，试验测试人员在焊接时应尽量在应变片焊端和接线端之间的连接线上使用应力释放环，从而避免试件长期受力或温度发生较大变化时由于连接线上应力集中而引起的引线拉断、桥路或电路断路等问题[14-15]。焊接后，助焊剂应被清洗干净，减少焊锡残留，以免造成应变片传输信号时阻值变化过大。应变片导线连接完毕后，试验测试人员应对导线的绝缘强度再次进行测量，并对组桥后的应变片进行检查。试验测试人员主要检查应变片表面有无焊锡残留，引线是否存在打结、虚焊等现象。

（10）应变片防护处理

由于船模试验环境恶劣,对已安装好的应变片需要采取实用可靠的防护措施来保证应变片正常工作。应变片的防护一般是采用涂敷保护层来进行隔离保护,即利用一些防护材料或介质将应变片连同附件与恶劣环境隔开。防护一般可选用 G-704 胶等硅橡胶来对应变片裸露部分进行防护。在涂敷保护层时,试验测试人员应在应变片及其周边区域均匀涂刷 AZ-709 胶黏剂,并在该区域覆盖 G-704 硅橡胶。在涂敷保护层后,G-704 硅橡胶应尽量自然晾干。保护层的形成将保证应变片四周完全封闭且水密。此外,试验测试人员在模型试验过程中应谨慎规范操作,确保不出现肢体直接接触等人为的破坏。

（11）应变片连接测试

在应变片防护处理后,试验测试人员需进一步进行应变片连接测试,其中采样频率的选取对于模型试验数据监测的精度有着关键作用。采样频率设置过高会增加数据分析的时间,而设置过低则无法准确捕捉测试量的峰值[16]。对于普通应变片而言,其采样频率应在 10~100 Hz。在模型试验中,试验测试人员可结合具体试验要求和监测数据的波动观察结果来对采样频率进行适当调节。在试验数据监测时,稳压直流电源常常被用于给应变片和数据采集器供电。根据获得的直流电压和应变片的布置形式,在数据采集器中设置基本连接参数,从而完成应变片的连接工作,如图 3.16 所示。值得注意的是,在使用稳压直流电源时,试验测试人员需使用万用表检验其显示电压是否与输出电压一致,避免长期电压过大而造成应变片的损坏。

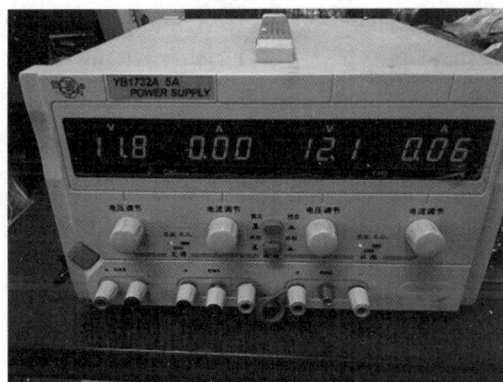

（a）稳压直流电源设置　　　　　　　　（b）数据采集器设置

图 3.16　稳压直流电源与数据采集器设置

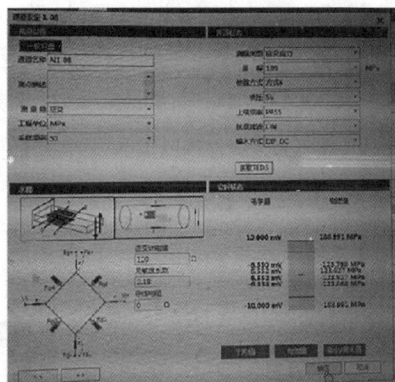

在应变片连接测试中,试验测试人员需采用不同力度按压应变片粘贴区域附近的船体梁表面,同时观察实时应变监测曲线是否发生变化。当按压强度增大时,应变监测曲线迅速提升;而当按压强度不变时,其应变监测曲线保持恒定;同样,当按压强度降低时,应变监测曲线也会出现快速的下降,如图 3.17 所示。当应变监测曲线能够有效地随按压强度的变化而变化时,相关应变片视为连接成功。如果在变化的按压强度下,应变监测曲线未产生变化或者变化不稳定时,试验测试人员应进一步检查接线和应变片是否完好。在每次单项模型试验中,所有应变片均需要进行连接测试,从而确保监测数据的可靠性。

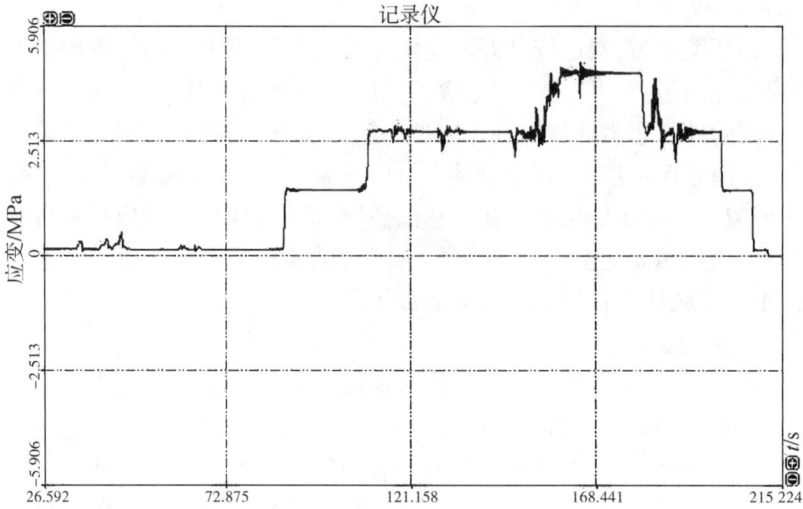

图 3.17 应变片连接测试

3.4.3 剖面载荷标定试验

为了进一步确定船体梁变形与试验载荷测量目标量(弯矩和扭矩)的关系,试验测试人员在试验之前还需要进行系统的标定试验,从而获得相应剖面载荷的转换系数[17]。标定试验的过程如图 3.18(a)所示。在剖面载荷标定试验中,试验测试人员将船体测量梁的一端固定在直角基座上,同时在另一端加载砝码。通过已知砝码的重量,试验测试人员可以获得船体梁监测位置的理论值,同时在剖面载荷标定试验中记录应变片返回的电压变化。为了建立测量载荷与输出电压的关系,试验测试人员将不断更换砝码,并统计载荷理论值和输出电压值,如图 3.18(b)所示。结合最小二乘法,试验测试人员将统计数据进行拟合分析,从而获得在相关载荷的标定系数。

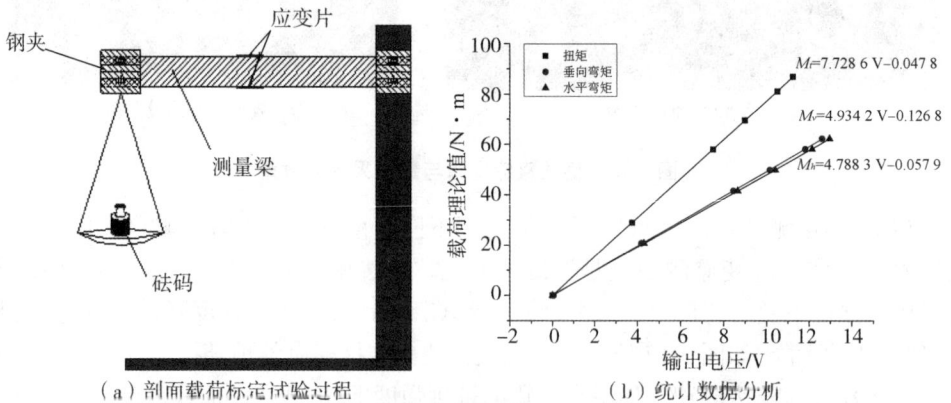

(a)剖面载荷标定试验过程   (b)统计数据分析

图 3.18 剖面载荷标定试验

在标定试验完成后,将相关系数输入至数据采集器中即可进行船舶载荷的测量。图 3.19给出船模不规则波试验中,采用应变传感器进行不同剖面位置载荷测量的结果。

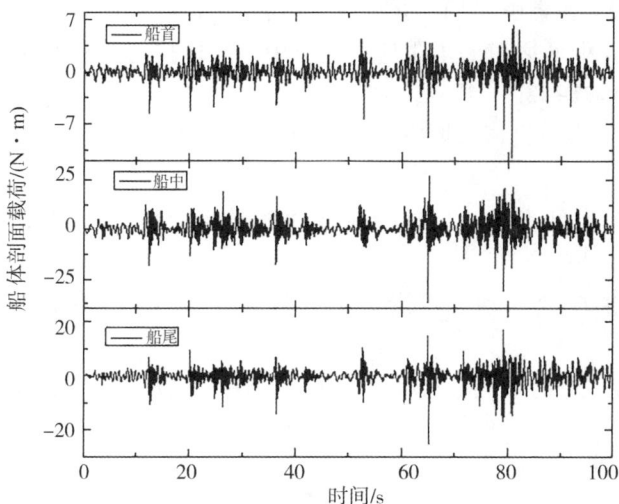

图 3.19　船舶不规则波下载荷测量结果

参考文献

［1］尧怡陇,王敬东,叶松,等.海洋波浪、潮汐和水位测量技术及其现状思考［J］.中国测试,
　　2013,39（1）:31-35.

［2］元萍.一种船用波浪测量仪的设计［J］.山东科学,2010,23（01）:52-55.

［3］韩林生,王静,王鑫.波浪仪器海上比测试验方法研究［J］.海洋技术学报,2015,34（2）:
　　46-49.

［4］李永军,董涛,李家军,等.系缆式剖面测量系统模型波浪水槽试验设计［J］.海洋技术,
　　2009,28（01）:12-14.

［5］孟祥玮,高学平.船模六自由度运动量的接触式测量［J］.船舶力学,2010,14（4）:379-384.

［6］TANG H Y, REN H L, YU P Y, et al. Experimental investigation of seakeeping performance
　　and load response of trimaran in small heeling condition［J］. Applied Ocean Research, 2020,
　　101:102275.

［7］焦甲龙,赵玉麟,张皓,等.船舶波浪载荷与砰击载荷的大尺度模型水弹性试验研究［J］.振
　　动与冲击,2019,38（20）:229-236

［8］陈占阳,任慧龙,李辉.水弹性理论与分段模型试验在船体振动响应分析中的应用［J］.振
　　动与冲击,2012,31（24）:119-124.

［9］余航,舒安庆,丁克勤.电阻应变片敏感栅栅丝尺寸对测量精度影响的研究［J］.中国仪器
　　仪表,2021（4）:71-75.

［10］宋瑞如,艾延廷,李成刚,等.应变片敏感栅参数对结构振动及寿命的影响［J］.沈阳航空
　　航天大学学报,2021,38（1）:1-7.

［11］TANG H Y, REN H L, ZHONG Q. Design and model test of structural monitoring and assess-
　　ment system for trimaran［J］.Brodogradnja, 2019, 70（2）:111-134.

［12］戴福隆，沈观林，谢惠民．试验力学［M］．北京：清华大学出版社，2010．

［13］邓燕华，刘同宾，邓龙龙．静态电阻应变测量中的操作技巧及常见问题处理［J］．工程与试验，2008，48（4）：71-73．

［14］罗立辉．浅谈海洋港口机械长期应力监测中应变片的安装应用［J］．西部特种设备，2022，5（1）：41-44．

［15］雷道红，郭晓冬．大型飞机结构试验应变片测量与管理方法［J］．工程与试验，2022，62（1）：80-82．

［16］徐春柳，孙浩琳．应变片动态校准数据处理系统设计［J］．传感器世界，2022，28（4）：19-24．

［17］唐浩云．三体船三维时域波浪载荷计算方法研究及其应用［D］．哈尔滨：哈尔滨工程大学，2018．

第4章　船舶模型试验

由于研究目标和试验船型的不同,不同的船舶模型试验在设计和实施的过程中存在差异。因此,结合现阶段的船舶运动与载荷试验技术,本章对船舶多分段水弹性模型、船舶两分段模型、船舶局部砰击模型、浮式生产储卸油船模型、气垫船载荷模型、多体船载荷模型、超大型浮体载荷模型以及多体船喷水推进模型等典型缩尺模型的试验方法进行系统的说明。相关模型试验过程的叙述将有助于试验设计人员积累宝贵的实践经验,同时也为船舶模型试验的进一步优化奠定坚实的基础。

4.1　船舶多分段水弹性模型试验

当超大型集装箱船、超大型油船等船舶航行在复杂海洋环境中时,常常会监测到一些高于波浪频率的振动。这种高频振动虽无法直接引起结构的屈曲破坏,但长时间的叠加往往也会加速疲劳裂纹的扩展。相关研究表明,随着船舶日益大型化,船舶结构的固有频率呈现下降的趋势。当波浪频率接近船舶结构固有频率时,船体将产生共振,即"弹振"现象。同时,船体首部遭受瞬时砰击也会引起一种有规律的强迫振动,这种类似鞭笞效应的现象又被业界称为"颤振"现象。弹振和颤振作为船舶两种较为特殊的高频振动,其发生的内在机理和影响因素仍是船舶载荷研究的热点[1]。因此,通过设计和实施船模试验,学者能够更好地分析在弹振和颤振影响下船舶运动和载荷的特点,从而增加船舶与波浪相互作用关系的理解。

4.1.1　试验方案设计

4.1.1.1　船舶多分段水弹性模型的设计

船舶多分段水弹性模型的设计包括模型外壳设计和船体梁设计,具体方法可见第2章2.2和2.3节。考虑到横摇阻尼,多分段水弹性模型需增设舭龙骨。舭龙骨将根据实船给定位置沿舭部外表面的法向(垂直于船体外表面)安装,且在船模分段处断开。图4.1给出了一种超大型集装箱船的多分段水弹性模型。

4.1.1.2　模型推进方式的选择

在模型试验中,推进方式主要分为两大类:一种是模型自身无动力,以拖车为动力进行航行的拖航;一种是自身安装推进装置的自航。在自航试验中,监测数据容易受到螺旋桨转速不稳定等因素的影响,而船舶在规则波中的遭遇频率亦不够稳定,这些因素均不利于弹振现象的观察以及测量。此外,为了在船模尾部布置发动机及轴系,船模的分段数目将受到限制,这将

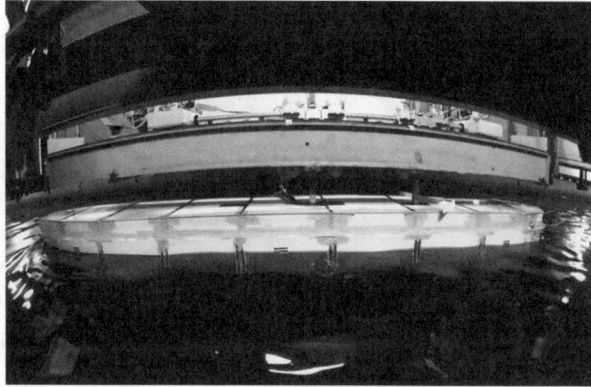

图 4.1   超大型集装箱船的多分段水弹性模型

使船体弹性变形效应无法显著显现。因此,弹振及颤振试验选择拖航推进更加合理。

4.1.1.3   试验设备

在船舶多分段水弹性模型试验中,试验人员需要对船舶运动、船体剖面载荷以及砰击载荷等进行测量。因此,在开展试验时需要多项仪器设备的配合。试验中具体试验仪器见表 4.1。

表 4.1   试验仪器

仪器名称	数量
加速度传感器	3
应变传感器	20
压力传感器	26
DH5902 多功能数据采集仪器	2
摄像机	1
数码照相机	1

4.1.2   前期试验准备

4.1.2.1   监测传感器的布置安装

为测得船体各剖面载荷和砰击载荷,在船体梁分段处粘贴应变传感器,并选用全桥测量方法进行测量,如图 4.2 所示。同时,在船体外壳上安装压力传感器。所有传感器经过直流电源供电后连接在 DH5902 多功能数据采集仪器上。

图 4.2   测量船体剖面载荷的应变传感器粘贴

4.1.2.2　船体梁的标定

在安装完应变传感器后,试验人员需要对应变传感器进行标定试验,从而建立剖面载荷与测量电压之间的关系[2]。试验人员将各位置处的船体梁单端固定并施加不同重量的砝码,记录数据采集仪器上的测量值,如图4.3所示。同时,根据悬臂梁理论,试验人员计算并记录监测位置的理论载荷值。通过拟合理论载荷值与测量值,试验人员可获得相关标定系数。

图4.3　船体梁标定形式

表4.2给出了船体梁标定试验中首部、中部以及尾部剖面的结果。通过标定试验可知,不同剖面的载荷波动与应变传感器监测到的应变均成线性关联。试验人员将相关标定系数输入DH5902多功能数据采集仪器中即可实现船舶不同剖面载荷的实时监测。

表4.2　船体梁标定试验结果

序号	首部剖面		中部剖面		尾部剖面	
	测量值	理论载荷值	测量值	理论载荷值	测量值	理论载荷值
1	0.00	0.00	0.05	0.00	0.00	0.00
2	3.76	28.96	−4.18	20.75	4.30	20.75
3	7.52	57.98	−8.46	41.55	8.66	41.55
4	8.99	69.54	−10.15	49.84	10.41	49.84
5	10.51	81.11	−11.82	58.13	12.15	58.13
6	11.24	86.88	−12.62	62.26	12.97	62.26

4.1.2.3　压力与加速度传感器的标定

试验中采用压力传感器和加速传感器对船体压力和加速度进行测量,因此需要对两种传感器进行标定。压力传感器一般在出厂之前已经标定完成,因此只需对压力传感器进行校验,以确保传感器正常以及出厂标定系数正确。而加速度传感器可根据3.3.2节中的操作进行标定。

4.1.2.4　模型调试

在试验开展前,试验模型需要通过调整转动惯量保证模型与实船沿船长的纵向重量分布和对重心的纵向惯性半径保持相似关系[3]。同时,通过观察浮态确保模型与实船的重心位置亦满足相似关系。相关调试操作可见2.4节。

4.1.2.5　锤击试验

由于理论计算固有频率与实际船模存在误差,试验人员需要通过锤击试验来确定船体梁固有频率特性,从而确定试验工况。在进行锤击试验时,应保证船模垂直于水平面,且敲击迅速。同时,试验人员采用 DH5902 多功能数据采集仪来监测振动时历曲线(图 4.4),并通过快速傅里叶变换来获得船体梁的固有频率。

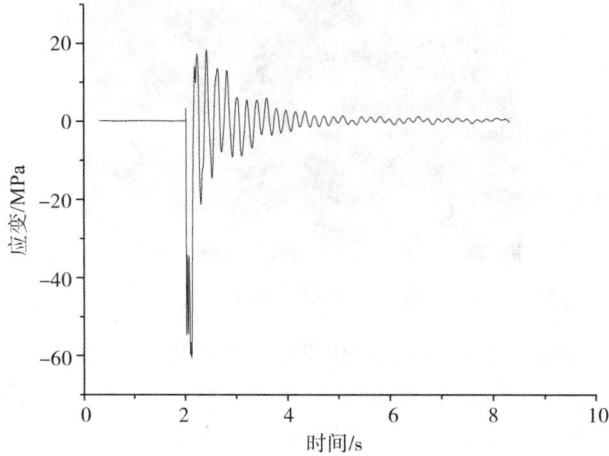

图 4.4　锤击试验下的振动时历曲线

通过锤击试验,可获得该测试船模的第一阶固有频率为 0.52 rad/s,第二阶固有频率为 1.23 rad/s。因此,在设计波浪参数时,应使得其遭遇频率与船体固有频率相接近,从而迫使船舶产生弹振现象。

4.1.3　船模试验与数据分析

4.1.3.1　规则波试验

由于规则波在波高、波长等环境参量的设置相对直观且能够较好地控制航速、浪向等参变量,因此在模型试验上往往先进行规则波试验。在船舶航速的选择上,主要参考船舶设计航速以及最大航速,并以 2~5 kn 为间隔。在所选择的每个航速下,结合船舶计算的遭遇频率确定若干个相近频率的规则波进行单项试验。

在每个单项试验中同步测量波浪、船舶运动幅值、船舶运动加速度、剖面载荷、压力载荷等数据,同时摄像头和照相机记录模型的运动状态。在进行弹振响应的试验时,试验人员应选择小波高工况,以避免首部砰击效应。而在船舶共振频率附近,试验人员应增加试验次数,从而保证载荷波动能够完整地描绘出弹振响应。试验时,试验人员应时刻观察船舶是否出现弹振现象,并及时分析试验数据,判断波激振动效应是否出现。而对于砰击颤振响应的测量,试验人员则应选择较大的波高工况,测量时应注意首部砰击压力的变化。

模型规则波试验实施的步骤如下:

①启动造波机,在水池中制造指定的规则波,拖车按照要求的航速启动,船模在托绳作用下随拖车一同运动,且保证相对位置几乎不变;

②待稳定的规则波到达模型后,试验人员对船舶运动和载荷进行同步记录,各单项试验稳定段有效数据不少于 12 个周期,记录结束后,拖车和船模停止运动;

③在获得模型若干个规则波的单项试验数据后,可重复上述的试验步骤进行不同航速的试验工作。

图 4.5 给出了通过适航仪监测到的船模在迎浪规则波下的运动曲线。

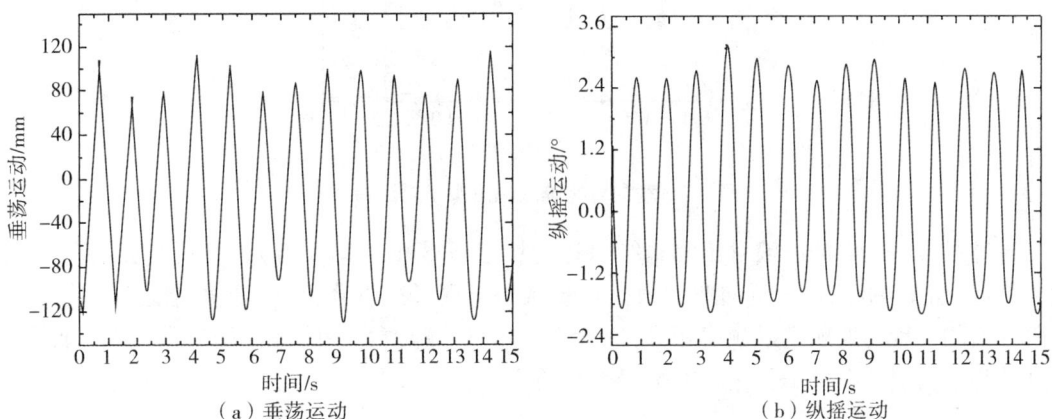

（a）垂荡运动　　　　　　　　　　　　（b）纵摇运动

图 4.5　船模在迎浪规则波下的运动曲线

在模型试验后,试验人员应统计船模在试验平稳段运动幅值的平均值,并结合波高即可获得该波浪频率下的运动响应幅度算子(RAO)。通过不断改变波浪的频率和航速,试验人员最终可得到船舶在其运营主要频域环境下的幅频响应曲线,如图 4.6 所示。与势流理论计算结果对比可知,该种模型试验方案是可行的。

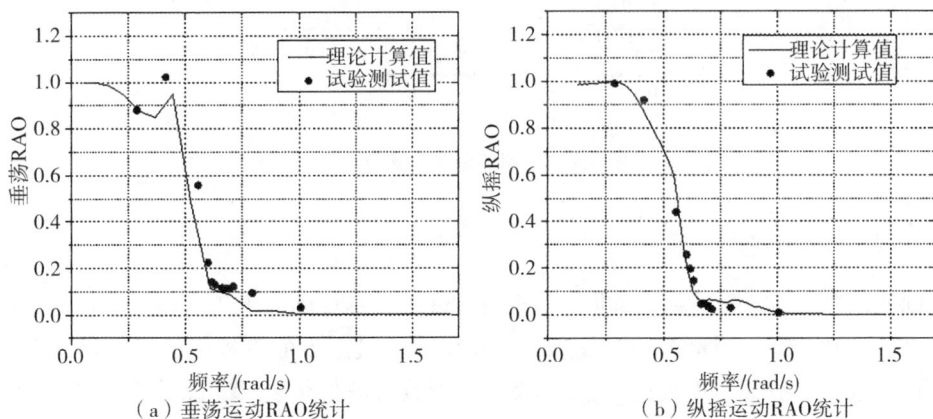

（a）垂荡运动 RAO 统计　　　　　　　　（b）纵摇运动 RAO 统计

图 4.6　船模运动 RAO 统计分析

同样,试验人员将对船模试验监测到的船舶垂向弯矩(VBM)进行统计。通过监测规则波下的弯矩时历信号,试验人员可以获得试验平稳段的剖面弯矩响应幅值,进而计算载荷响应幅度算子。试验测量值与理论计算结果的对比,如图 4.7 所示。试验测量的载荷与理论预报值在起伏规律上基本保持一致,但在高频峰值上仍有差距。这也是现阶段理论预报不能完全替代模型试验的原因之一。

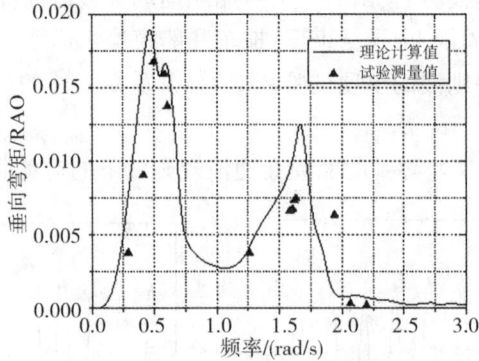

图 4.7 垂向弯矩响应幅度算子对比曲线

通过对典型剖面的波浪弯矩测量结果进行快速傅里叶变换(FFT),即可得到载荷信号的频响特征,如图 4.8 所示。垂向弯曲载荷在频域上出现了三阶峰值,而峰值高度呈下降趋势。一阶峰值的位置与船舶遭遇频率相等,二阶峰值和三阶峰值为一阶峰值的倍数关系。此种现象被认为是由船体在砰击作用下的颤振引起的。

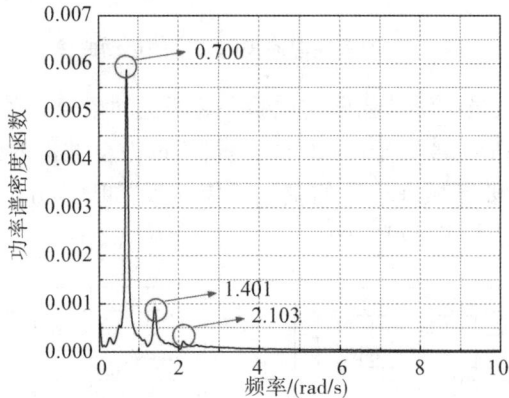

图 4.8 载荷的频域分布图

4.1.3.2 不规则波试验

除规则波试验外,船模往往还需进行不规则波试验。不规则波由于自身波浪的随机性,使得其在模型运动和载荷的测量上相对复杂。在开展迎浪状态下的不规则波试验前,需要对波浪环境进行确定。一般的不规则波可采用 ISSC 双参数谱进行获取,其波浪谱密度公式为

$$S_\zeta(\omega) = \frac{124H_{1/3}^2}{T_1^4\omega^5}\exp\left(\frac{-496}{T_1^4\omega^4}\right) \tag{4-1}$$

式中:ω 为波浪频率;$H_{1/3}$ 为三一值;T_1 为波浪谱峰值周期。在相关参数的测量上,不规则波时历由固定式浪高仪测量;适航仪则测量模型在波浪中的垂荡、纵摇等运动响应;加速度传感器测量船舶首尾的垂向加速度;在试验中,试验人员将摄像头安装于拖车上,从而能够观察模型首尾的运动状态。此外,试验人员将采用便携式摄像机拍摄试验过程,相关视频将被用于后续观察舷侧波形、首尾部波形以及上浪砰击状态[4]。

表 4.3 垂向波浪弯矩统计值

监测位置	三一值/m			十一值/m		
	试验值（10^6）	理论值（10^6）	误差率	试验值（$\times 10^6$）	理论值（10^6）	误差率
剖面 1	2.54	2.91	14.48%	3.40	3.54	3.92%
剖面 2	2.49	2.33	−6.57%	3.25	2.82	−13.12%
剖面 3	3.53	4.00	13.45%	4.44	4.94	11.10%
剖面 4	2.28	3.01	31.78%	3.01	3.81	26.78%

　　由于不规则波作用下的船体运动和载荷往往也是不规则的、随机的，因此，在船的运动和载荷分析中采用统计有义值作为研究参考变量来分析船舶在不规则波下的运动和载荷[5-7]。类似波高的统计，模型试验的统计有义值分为三一值、十一值以及平均值。三一值是在固定时间段内将测量到的船舶运动或载荷幅值由高至低排列，并取前三分之一的平均值。人们在海上目测的船舶运动或载荷与三一值较为接近。十一值则是在固定时间段内将测量到的船舶运动或载荷幅值由高至低排列，并取前十分之一的平均值。而平均值是直接将测量到的船舶运动或载荷值取算术平均值。对于非线性效应明显的工况，在弯矩时历幅值统计上应该按照中拱和中垂变形分开进行，然后再利用数理统计原理拟合分布，从而求取其统计特征值。

4.2 船舶两分段模型试验

　　随着船舶工程发展的多样化，打捞船、工程船等新型船舶日益受到人们的重视。远洋救生打捞船是一种专门用于打捞沉没舰艇和沉物，救助遇难舰艇、飞机和人员的防险救生船[8]。由于救生打捞船的作业海况较为恶劣，而其使命又较为关键，因此需要采用模型试验来进一步获得船舶载荷的波动规律。考虑到工程船结构形式的特殊性，船模试验往往采用两分段模型来模拟刚性船体在波浪中的航行状态，并通过设计船体梁和布置压力监测传感器来了解船体中部弯矩的波动特征和局部区域砰击压力的分布特点。

4.2.1 试验方案设计

4.2.1.1 船舶模型和船体梁的设计

　　试验采用玻璃钢制作船模外壳，并按照缩尺比保证几何外形的相似，尺度误差控制在1 mm 以内。同时，将船模沿船中分成两段[9]，如图 4.9 所示。船模甲板采用有机玻璃板并保证良好的密封性。尾部的较大空间用于布置自航推进系统。在船体内部布置船体梁。船体梁既能完成对船中部剖面弯矩的测量，又能保证两个分段之间的有效连接。

　　在剖面载荷的测量上，两分段模型试验可采用两种测量组合进行：第一种测量组合是采用圆梁和应变传感器的传统监测方式。为了保证应变片测量的有效性，圆梁的惯性矩不应过大。其加工与贴片方式见 3.4 节。第二种测量组合则是采用弯矩测量仪和连接梁。为了保证测量的精度，在试验实施前需要采用势流理论对船体中部的剖面弯矩进行初步的估算。理论估算以单位波幅下的弯矩预报为基础，推算试验工况下船模可能遭受到的弯矩最大值，并以此为参

图 4.9　船舶两分段模型

考进一步设计弯矩测量仪的量程,量程一般设为最大弯矩的 2~3 倍。在弯矩测量仪设置完成后,需对连接梁进行配适。连接梁与弯矩测量仪采用法兰环进行连接。同时,在紧固方面需要采用大于四螺母的形式,从而减少由小波高船体梁颤振引起的信号干扰。图 4.10 给出了测量仪与连接梁的紧固方案。在试验条件允许的情况下,可进一步采用钢质夹具对法兰环进行加固。

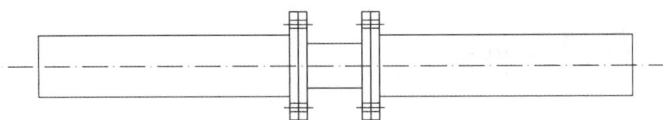

图 4.10　测量仪与连接梁的紧固方案

4.2.1.2　砰击压力监测点布置

由于设计船舶为长艏楼型,因此砰击压力的测点主要集中于船首部。在测点确定之前,可建立船首部有限元模型如图 4.11(a)所示,并采用中国船级社《钢质海船入级规范》、英国劳氏船级社《海军舰艇入级规范通则》等规范对测点的砰击压力进行计算,寻找砰击最严重区域。同时,结合安装空间、监测精度等试验要求,对试验砰击压力测点的位置进行设计。为了能够有效地了解砰击压力的分布特点,在试验设计上,试验人员往往在水线以上外张部位和艏柱等位置布置砰击压力测点。压力测点位置如图 4.11(b)所示。

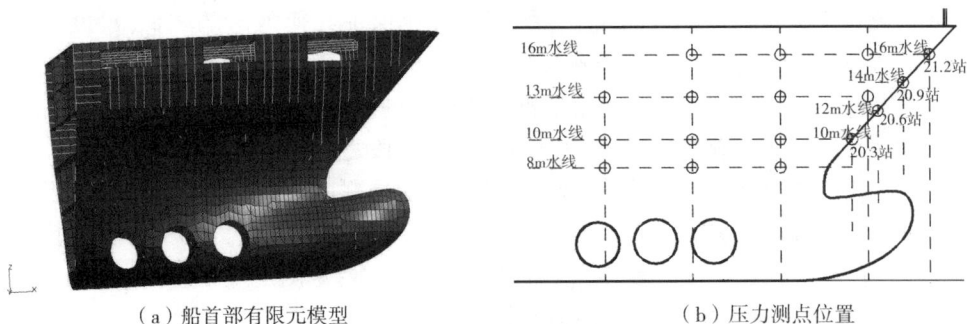

（a）船首部有限元模型　　　　　　（b）压力测点位置

图 4.11　砰击压力监测点布置设计

4.2.2　前期试验准备

与传统载荷类似,两分段模型试验仍采用造波机和试验水池对不同状态(航速、波长、波高)规则波和不规则波进行模拟,并采用船体梁测量船中剖面的三向弯矩载荷信号。在船舶的运动上,试验人员将采用适航仪测量船模在不同状态(航速、波长、波高)规则波和不规则波下的横摇、纵摇、垂荡等运动信号,并采用加速度传感器测量船模首部、中部以及尾部的运动加速度。此外,试验人员将采用压力传感器测量砰击压力信号。

4.2.2.1　试验仪器的标定

弯矩测量仪的标定:由于试验通过在船中处的弯矩测量仪来测量模型在船中剖面处的弯矩和扭矩载荷,因此试验人员需要在试验前检验弯矩测量仪安装是否准确、信号是否稳定。弯矩测量仪的标定方法与传统载荷的标定方法保持一致,具体可见 3.4.3 节。

压力传感器的标定:为了保证砰击压力测量的正确性,需要根据压力传感器的测试参数采用专业的压力传感器标定仪进行标定。

浪高仪的标定:试验前可采用浸深法对浪高仪进行标定,并检验其线性度。

螺旋桨转速的标定:自航试验前需对螺旋桨转速进行标定,建立转速与航速的关系,以保证在一定转速时,船模能够达到试验工况所需的航速。

4.2.2.2　模型调试

为了保证模型与实船的重量、重心和转动惯量相似,试验之前需要校核模型的重心和转动惯量。试验人员需对实船的重量、重心及转动惯量进行理论计算,并测量船模的重量、重心及转动惯量。通过添加和移动压载块的位置,模型重心与转动惯量被最终调整至理论值。

4.2.2.3　模型横摇阻尼试验

两分段模型在正浮状态下需要开展零航速静水自由横摇衰减试验,试验人员可通过测量横摇角得到静水自由横摇衰减曲线,从而获得模型的横摇阻尼。具体试验原理见 2.6.2 节。

4.2.3　规则波与不规则波试验

4.2.3.1　规则波下船舶运动和载荷响应试验

对于两分段模型而言,其试验基本步骤与水弹性模型试验类似。在规定航速和波高下,试验人员应选取与实际运营环境相近的波浪频率范围内进行船舶规则波试验。在每个单项试验中,试验人员应同步测量波浪、船舶运动、船舶运动加速度、剖面载荷以及砰击压力等数据,同时利用摄像头和照相机记录船舶在波浪中的运动状态。图 4.12 给出了船舶两分段模型规则波试验的形式。

对于两分段模型试验而言,其试验的具体步骤如下:

(1)启动造波机在水池中制造指定的规则波,拖车按照要求的航速启动,船模在自航推进装置作用下随拖车一同运动,且保证相对位置几乎不变;

(2)待稳定的规则波到达模型后,试验人员进行船舶运动和载荷的同步记录,记录不少于

12 个周期的各单项试验稳定段有效数据,记录结束后,拖车和船模停止运动;

(3)在获得模型若干个规则波的单项试验数据后,可重复上述的试验步骤进行不同航速的试验工作。

图 4.12　船舶两分段模型规则波试验的形式

而在该试验的实施过程与数据处理上,试验人员需要注意以下方面:

(1)在进行船模自航试验时,需要以自航推进系统来保证船模航行速度,不能使用其他工具来拖拽船模。

(2)在试验中,试验人员需要记录波浪时历,并将测量得到的载荷波动进行无因次化处理,从而获得载荷的频率响应曲线;同时,试验人员也需将船模运动响应进行无因次化处理,从而获得船舶运动的传递函数。

4.2.3.2　不规则波试验

对于不规则波试验,国际船模拖曳水池会议 ITTC 曾制定了相关规定:试验中的不规则波必须由 200 个不同频率的规则波组成。而不规则波试验过程与规则波试验相似,具体步骤如下:

(1)启动造波机在水池中制造不规则波,拖车按照要求的航速启动,船模在自航推进装置作用下随拖车一同启动,且保证相对位置几乎不变;

(2)待不规则波到达模型约 20 s 后,试验人员开始同步记录所有的测试数据,同时监视所有数据的时历曲线,在单项试验结束后给出各数据的统计分析值;

(3)在获得模型不规则波的单项试验数据后,可重复上述的试验步骤进行不同航速的试验工作。

值得注意的是,试验过程中适航仪尽量保持在拖车中部位置,从而为模型刹车提供足够的余量。同时,首部的牵引绳应保持在水面以上,避免对波浪产生干扰。由于不规则波试验中监测量众多,因此建议对相关监测信号进行分类和编号,便于相关数据的查看与统计分析。在砰击压力特征的分析上,试验人员需要通过观看试验录像来核对砰击压力信号的可靠性。

4.2.3.3　数据分析

模型试验主要采集的数据有:船中剖面的弯矩和扭矩时历曲线、船舶多自由度运动和加速度时历曲线、甲板上浪时波浪高度的时历曲线、船首部分砰击压力的时历曲线等。

在规则波的数据处理上,试验人员需要提取平稳段 10~12 个周期下的运动与载荷时历曲线。通过统计各周期内的峰值与谷值,试验人员将计算峰值和谷值的平均值,并将这些平均值作为船舶规则波的试验统计值。而在不规则波的数据处理上,试验人员则需要对各监测量的时历曲线进行样本统计,从而获得其幅值的平均值、有义值和最大值等。

同样值得注意的是,上述试验结果需要通过缩尺换算关系,将模型所测得的运动、载荷、压力等换算到实船尺寸上,从而能够与实船相应的计算结果进行比较分析。

4.3　船舶局部砰击模型落体试验

船舶在恶劣的海洋环境航行时,船体外壳往往会与波浪发生剧烈的瞬时冲击,这种现象被称为船体砰击。与波浪水动压力不同,砰击力具有瞬时性和集中性,在真实海洋环境中无法定量地观察。但在船舶结构状态的安全上,砰击载荷的作用却不容忽视。在这种快速变化的冲击力作用下,船体局部结构可能会出现破损。因此,相关学者往往会采用模型试验的方法来研究船舶砰击发生的机理。为了能够专注于局部砰击载荷特点的研究,研究人员设计了局部砰击模型落体试验。

4.3.1　局部砰击模型的分类和特点

除了船舶分段模型试验外,船舶局部模型试验也是船模试验中一项重要内容,特别是在船体首部砰击的研究上。按照局部模型的特点,可将落体砰击试验中的模型分为:弹性底部砰击模型、二维刚性外飘砰击模型、二维楔形体砰击模型、三维刚性船首砰击模型。四种局部模型试验的具体特点和用途如下:

(1)弹性底部砰击模型,此种局部模型主要研究船底板架的砰击载荷与结构响应特性。对于底部砰击,由于砰击载荷作用时间较短,载荷峰值较大,流体与结构的耦合作用可能会对砰击载荷与结构响应产生影响,故底部模型除了布置压力测点,骨材上还会布置应力测点,以研究底部板架砰击载荷和结构响应的特性。

(2)二维刚性外飘砰击模型,此种局部模型主要研究船首主要外飘区域砰击载荷特性。通过设计两种不同形式的外飘型线,实现底部结构形式对外飘区域载荷影响的分析。模型在加工过程中,弯曲的模型表面会使得模型的刚度无法保证,故考虑将模型设置成刚性体[10]。

(3)二维楔形体砰击模型,此种局部模型主要研究船体外板的砰击载荷与结构响应特性。通过设计相同角度的弹性楔形体和刚性楔形体,试验人员可以分析流固耦合作用对砰击载荷的影响。

(4)三维刚性船首砰击模型,此类局部模型主要研究船首三维特性对首部外飘砰击载荷的影响,并通过与二维模型的对比,研究三维效应对砰击载荷的影响。

在局部模型的设计上,试验人员主要需要保证模型与实船板架刚度相似。因此,引入无因次冲击速度 $\bar{v}$ 作为砰击载荷的关键参量。无因次冲击速度的表达式为

$$\bar{v} = v\sqrt{\frac{\rho L^3}{EI}} \tag{4-2}$$

式中:v 为砰击速度;L 为骨材跨距;E 为材料弹性模量;I 为单位宽度的骨材及带板关于自身中

性轴的面积惯性矩;ρ 为流体密度。当实船与模型的无因次冲击速度相等时,实船底部砰击与局部模型砰击效相似[11],即

$$\bar{v}_{\mathrm{S}} = \bar{v}_{\mathrm{M}} \tag{4-3}$$

$$v_{\mathrm{S}} \sqrt{\frac{\rho_{\mathrm{S}} L_{\mathrm{S}}^3}{E_{\mathrm{S}} I_{\mathrm{S}}}} = v_{\mathrm{M}} \sqrt{\frac{\rho_{\mathrm{M}} L_{\mathrm{M}}^3}{E_{\mathrm{M}} I_{\mathrm{M}}}} \tag{4-4}$$

式中:下标 S 代表实船,M 代表模型。根据试验条件,试验人员可预估局部模型的最大落体高度,进而推算出模型落体时可达到的最大冲击速度。结合相似定理和实船尺寸,即可获得模型尺寸的调整范围。在模型尺寸的设计上,试验人员同样需要考虑到板和骨材的标准规格以及相关加工的可行性,避免出现骨材间距过小而无法焊接的现象。通过调整 v_{S} 和 v_{M} 之间的比例关系,试验人员最终可确定局部模型中骨材和板的尺寸。在局部模型的外形设计上,试验人员应遵循与实船几何相似的原则,同时考虑到试验架的大小来确定模型缩尺比[12]。

4.3.2　局部砰击模型的详细设计

4.3.2.1　弹性底部砰击模型

在船底结构中,船底纵骨通常是砰击载荷作用下的船舶薄弱构件,因此纵骨的强弱直接影响船底在砰击载荷作用下的强度[13-14]。由于实船底部结构为纵桁之间设有 3 根纵骨,故设计一个类似的底部板架,用于预报底部砰击时的结构响应。考虑到砰击载荷作用时间短、峰值大等特点,试验人员想要准确采集砰击压力峰值的难度较大,因此常常在骨材上布置应力测点来辅助研究底部板架砰击载荷和结构响应的特性。表 4.4 给出了一种底部砰击典型模型的纵骨设计尺寸。底部砰击模型的三维效果如图 4.13 和图 4.14 所示,其中图 4.13 两侧的附体结构用来模拟实船船底的舭部,附体倾斜角度为 45°。此外,附体在模型下落入水过程中同时也起到了引流的作用。由于铝的弹性模量较小,在相同载荷下铝质材料应变较大,因此模型选取铝作为制造材料来提高测量的准确性。模型底部为加筋板结构,也是试验的测量区域。底部外板上焊接 3 根 T 形纵骨和两个隔板,隔板底部开孔,从而保证了纵骨的连续性。底部砰击模型主要测试模型入水过程中的下落位移、加速度、砰击压力以及 T 形纵骨的应变。

表 4.4　底部砰击典型模型纵骨设计尺寸

项目	实船	模型
纵骨长度/m	2.4	0.8
带板宽度/m	0.7	0.25
带板厚度/m	0.016	0.004
腹板高度/m	0.24	0.05
腹板厚度/m	0.012	0.004
面板宽度/m	0.046	0.03
面板厚度/m	0.024	0.004
冲击速度/(m/s)	14.2	2.75
无因次冲击速度	0.516	0.516

图 4.13 底部砰击模型示意图

图 4.14 底部砰击模型正视图

4.3.2.2 二维刚性外飘砰击模型

针对实船的某一肋位,试验人员可设计两种刚性外飘砰击模型,如图 4.15 所示。当外飘模型为二维模型时,模型沿长度方向为等截面,并在两端设置挡板来保证水域的二维流动。两个模型仅在底部的形式有不同,外飘区域型线完全相同。通过两个模型对比,反映出底部区域形状对外飘砰击载荷的影响。考虑到二维模型较大的曲度,模型在加工过程中结构刚度引入的误差较大,故主要反映刚性外飘结构的入水砰击。二维模型一般采用钢制,并在内部采用纵骨加强来保证模型的刚度。两个刚性外飘砰击模型的三维效果,如图 4.16 所示。在试验中,二维刚性外飘砰击模型主要测试模型入水过程中的下落位移、加速度以及砰击压力。

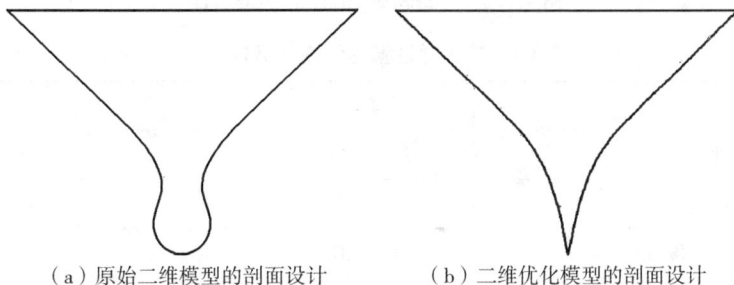

（a）原始二维模型的剖面设计　　　（b）二维优化模型的剖面设计

图 4.15 二维刚性外飘砰击模型设计

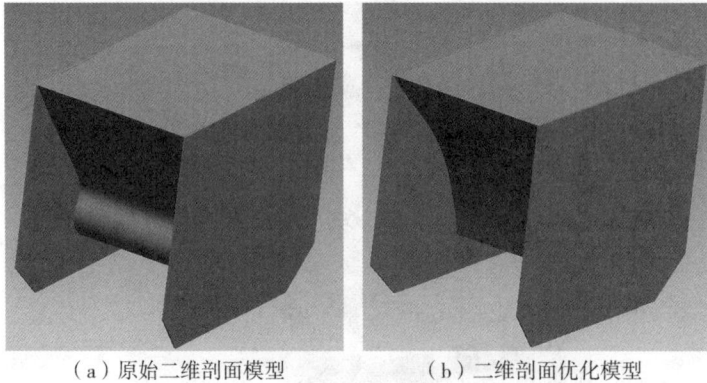

（a）原始二维剖面模型　　　　（b）二维剖面优化模型

图 4.16　刚性外飘砰击模型的三维效果图

4.3.2.3　二维楔形体砰击模型

由于船舶底部结构主要为强框架与纵骨构成的板格,试验人员可结合楔形体的特点,设计二维局部砰击模型。二维楔形体砰击模型可分为弹性体模型和刚性模型。弹性楔形体模型制造材料为铝,而刚性楔形体模型制造材料为钢。钢材的弹性模量较大,其有利于制造大刚度模型,便于模型整体砰击力的测量。图 4.17 给出了一种二维弹性楔形体的模型设计,而表 4.5 给出了该二维弹性楔形体模型的纵骨尺寸。

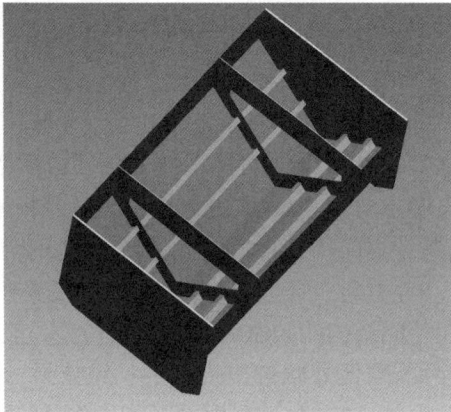

图 4.17　二维弹性楔形体的模型设计

表 4.5　二维弹性楔形体模型纵骨尺寸

项目	实船	模型
纵骨长度/m	2.4	0.8
带板宽度/m	0.6	0.2
带板厚度/m	0.012	0.003
腹板高度/m	0.22	0.04
腹板厚度/m	0.01	0.003

续表

项目	实船	模型
面板宽度/m	0.041	0.025
面板厚度/m	0.022	0.003
冲击速度/(m/s)	15	3.966
无因次冲击速度	0.370	0.370

在二维弹性楔形体模型设计中,底部外板上焊接四根 T 形纵骨和两个隔板,隔板通过底部开孔来达到模拟实船外飘板架的效果。图 4.18 亦给出了二维刚性楔形体模型的设计。

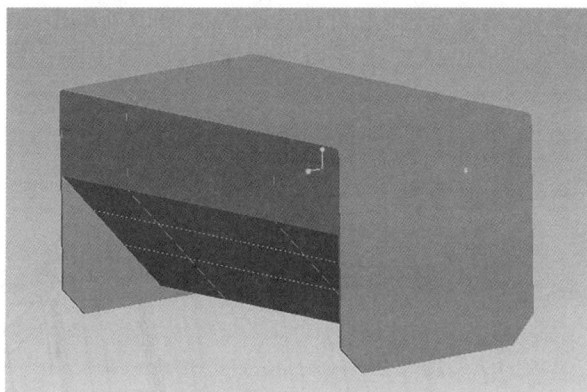

图 4.18　二维刚性楔形体模型设计

4.3.2.4　三维刚性船首砰击模型

根据实船的首部形式和合适的缩尺比,试验人员对实船某一肋位至船首的首部区域展开模型设计,从而形成三维刚性船首砰击模型。由于三维船首表面较为复杂,考虑到加工的难度以及刚度模拟的困难,三维首部模型往往选用玻璃钢材质。在制作模型中,玻璃钢厚度应不小于 8 mm,并在模型内部布置加强筋来提升模型的刚度。在模型试验过程中,试验人员可通过调整模型的纵倾角来实现不同角度的入水砰击。三维刚性船首砰击模型能够有效地分析三维效应对首部外飘区域砰击载荷的影响。图 4.19 给出了一种典型的三维刚性船首砰击模型。

图 4.19　典型的三维刚性船首砰击模型

在采用三维刚性船首砰击模型进行自由落体试验时,主要测试模型入水过程中的下落位移、加速度以及砰击压力。

4.3.3　前期试验准备

不同于船舶整体试验,局部砰击模型落体试验前需要准备和调试的相关装置有:落体试验架、压力传感器、位移传感器、数据采集仪等。具体装置准备和调试过程如下:

4.3.3.1　落体试验架

对于局部砰击模型落体试验而言,落体试验架的设计与搭建至关重要[15]。典型的落体架由固定架、导轨、移动架等构件组成。局部砰击模型将被安装在落体架中,并采用吊装机构悬挂在水面上。在试验开始后,试验人员打开脱钩器使得局部模型沿着导轨做自由落体运动。图 4.20~图 4.23 分别给出了落体试验架整体设计、固定架设计、导轨设计以及移动架设计。

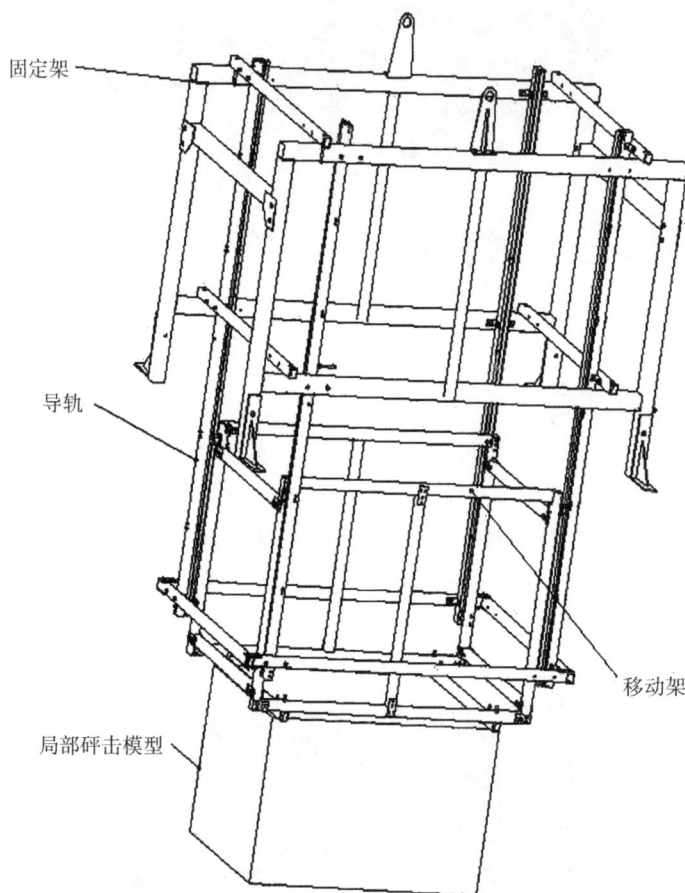

固定架
导轨
移动架
局部砰击模型

图 4.20　落体试验架整体设计

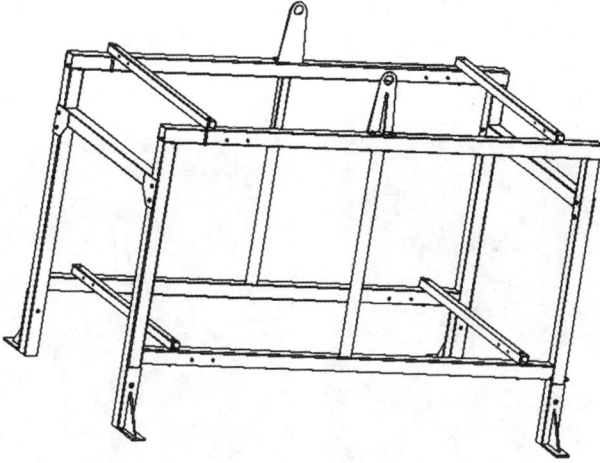

图 4.21　固定架设计

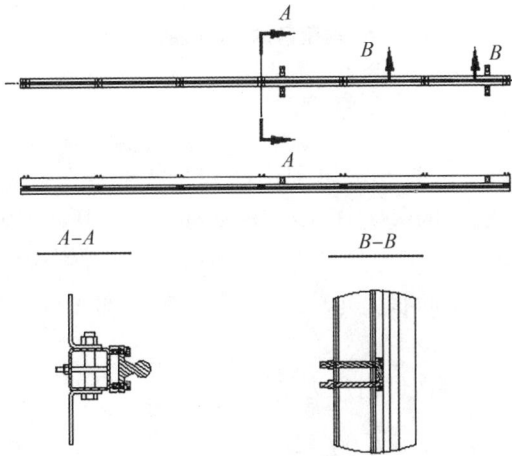

图 4.22　导轨设计

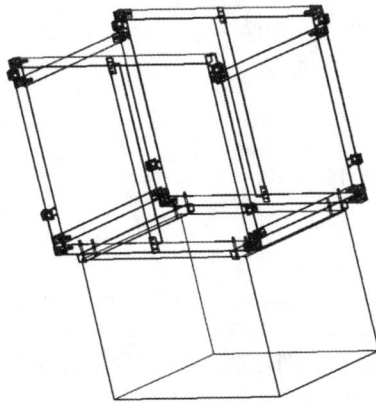

图 4.23　移动架设计

图 4.24 亦给出了典型落体试验架的实物图。在落体试验中,试验人员利用位移传感器来记录局部砰击模型降落过程中的位移时历曲线。通过对位移时历曲线进一步求导,试验人员即可得到局部砰击模型的速度变化曲线。

（a）落体试验架主视图 （b）落体试验架斜视图

图 4.24　典型落体试验架的实物图

4.3.3.2　压力传感器

在压力传感器的选取上,试验人员可利用经验公式或规范确定砰击压力系数,并结合下落速度估算出试验可能出现的最大压力峰值。通过对比压力传感器的量程与最大压力峰值,试验人员可挑选出合适的压力传感器。根据船舶砰击响应的特性相关研究表明,无因次砰击压力系数主要由船体形状决定[16-17]。当前主要的无因次砰击压力系数经验公式有以下两种:

（1）由斯特沃夫确定的无因次砰击压力系数

$$
\left.
\begin{aligned}
&k = 48.436\,00\xi + 144.000\,00 && (0° \leqslant \xi < 2.2°) \\
&k = 628.441\,74 - 272.212\,28\xi + 58.681\,18\xi^2 \\
&\quad - 6.736\,20\xi^3 + 0.391\,04\xi^4 - 0.009\,02\xi^5 && (2.2° \leqslant \xi < 11°) \\
&k = 1367.637\,70 - 387.368\,20\xi + 45.403\,66\xi^2 \\
&\quad - 2.677\,00\xi^3 + 0.078\,76\xi^4 - 0.000\,92\xi^5 && (11° \leqslant \xi < 20°) \\
&k = 0.768\,56 + 1.896\,34/(\tan^2\xi) && (\xi \geqslant 20°)
\end{aligned}
\right\}
\tag{4-5}
$$

（2）规范中使用的无因次砰击压力系数

$$
\left.
\begin{aligned}
&k = \frac{\pi}{\tan\xi} && (\xi \geqslant 10°) \\
&k = 28 - 28\tan(2\xi) && (\xi < 10°)
\end{aligned}
\right\}
\tag{4-6}
$$

式中:ξ 表示冲击表面的有效冲击角。对于楔形体的静水冲击情况,ξ 退化为船的底升角。对于一般的砰击模型落体试验而言,推荐相关的传感器信号精度为:砰击压力信号精度 0.25%F.S;分辨率精度 1.25 kPa。

4.3.3.3 位移传感器

在位移传感器的选择上,主要关注模型试验瞬时启动下的监测灵敏度。随着试验设计中模型下落高度的增加,位移传感器的要求也将有所提高。在砰击模型试验中,位移传感器需要满足的基本要求为:位移信号精度 0.1%F.S;分辨率精度 3 mm。

4.3.3.4 数据采集仪

考虑到砰击载荷具有瞬时性和突发性,试验人员需要选择高采样频率的数据采集仪才能捕捉砰击的峰值压力,同时数据采集仪应具有滤波和抗干扰功能。

4.3.4 砰击试验与数据分析

4.3.4.1 砰击试验流程

首先,试验人员需在试验水池上方布置落体试验架,并将局部砰击模型连接到试验架下方。通过脱钩器与电葫芦相连,试验人员可将局部砰击模型吊起至工况高度。然后,试验人员打开脱钩器,使局部砰击模型沿导轨自由垂直下落至水中。待水面平稳后,试验人员将吊钩重新连接至局部砰击模型,并利用电葫芦将局部砰击模型吊起。接着,试验人员重新关闭脱钩器,准备进行下一组试验。对于三维刚性船首砰击模型,试验人员可旋转一定角度进行试验。在局部砰击模型下落过程中,位移数据、压力数据、应变数据以及图像数据等监测与采集工作需同步进行。此外,试验人员需要进行试验稳定性检验,即通过统计某一落体高度不同试验次数下的测试数据波动特点和峰值来验证砰击试验的稳定性。

4.3.4.2 砰击压力监测信号的收集与处理

在试验过程中,采样频率的大小对于砰击压力数据的收集至关重要。由于砰击过程是一个瞬态过程,其具有发生时间短、监测信号峰值大、突变率高等特点。如果采样频率过低,往往会导致重要的信号波动特征被忽略。而采样频率过高,又会引入白噪声干扰真实的压力数据。对于一般的砰击试验而言,数据采集仪的采样频率一般设为 50～500 Hz 之间。此外,针对原始的砰击测试信号,试验人员需要对监测数据进行初步处理:

(1)在试验前,试验人员需采集一段平稳时间段的数据,并计算其均值。该数值将作为后续测试数据的压力零点。

(2)由于温度、试验机构振动、传输信息干扰等诸多原因,高频采样下测试的压力信号中不可避免地存在着一些噪声,如图 4.25 所示。为消除这些噪声信号的影响,试验人员可采用低通滤波的方法来过滤高频噪声成分。值得注意的是,信号滤波应保证滤波后的信号从原始测试信号的噪声中间穿过。

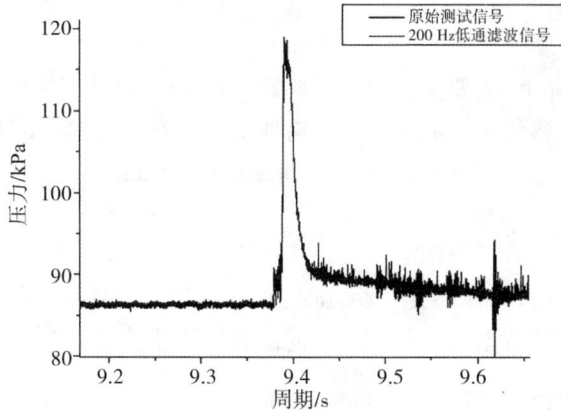

图 4.25　典型砰击压力信号

（3）试验数据处理中,试验人员通过对局部砰击模型下落位移进行求导,从而得到整个下落过程中冲击速度的变化曲线。通过观察该曲线,试验人员即可获得砰击压力峰值时刻对应的模型冲击速度 v_{slam}。结合砰击压力峰值 p_{slam} 和液体的密度 ρ,该剖面砰击载荷的无因次砰击压力系数将被获得,如式(4-7)所示。

$$k = \frac{2p_{slam}}{\rho v_{slam}^2} \tag{4-7}$$

在压力数据进行初步处理之后,试验人员可以对压力数据的特征进行统计与分析。传统的砰击模型压力数据分析包括砰击压力峰值统计、砰击压力响应时历分析、砰击压力系数分析以及模型表面压力响应分析等。砰击压力峰值统计是通过统计同一高度工况下不同位置处砰击压力峰值的大小来观察砰击压力分布。而砰击压力响应时历分析是对同一位置不同落体高度下砰击压力响应的时历曲线进行对比,从而总结砰击压力时历随落体高度的变化规律。砰击压力系数分析则是通过统计砰击压力系数的分布规律,讨论砰击压力系数与落体高度以及船体外形之间的关系。模型表面压力响应分析则是对压力响应时历的上升和衰减等波动细节进行观察,总结不同位置压力时历扰动的特点,并通过改变落体高度来进一步统计压力波动特点的变化规律。

4.3.5　试验关键技术及注意事项

4.3.5.1　试验模型设计关键技术及注意事项

砰击试验模型的设计需结合具体的试验目的进行。若设计刚性体落体试验,则需要保证试件的刚度足够,以保证在较大的砰击位置处不会发生局部变形。若结构形式较为简单,如二维剖面,可选择钢质材料进行试件的加工;若结构形式较为复杂,如三维外飘模型,可选择玻璃钢材料进行加工。加强的骨材尺寸和布置方式尽量做到与实船相似。若设计弹性体落体试验,则需要选取合适刚度的材料进行试件的设计。弹性体落体试验一般采用铝质材料,但需注意铝质材料在焊接时容易发生变形,所以试件设计不宜过于复杂。

4.3.5.2 试验设备关键技术及注意事项

落体试验架设计需保证局部砰击模型的下落是垂直的。试验架应具备足够的刚度,以保证受到冲击时不会有较大的变形。试验架所加的压载质量应适中,一方面要保证模型能够按照试验要求顺利入水,另一方面又要保证在试验中模型不能脱离试验架。

监测局部砰击模型的运动时,试验人员可采用加速度传感器。相关试验数据处理经验表明,通过积分方法获得的模型砰击速度和位移曲线相对较为光顺。压力传感器的量程选取一定要谨慎,特别是对于平底入水试验。在试验设计中,若无法事先准确预估砰击压力峰值,则建议按照100 m水柱或者更大压力峰值来评估砰击载荷,并选配大量程的压力传感器。

4.3.5.3 试验内容及流程关键技术及注意事项

在试验压力监测点的布置上,应当使关注的测点位于二维剖面试件的纵向中间位置,以减少端部效应对流场的影响;高度方向取板格中心位置,尽量沿高度方向均匀分布。典型二维砰击模型、三维砰击模型以及底部平板砰击模型的监测点布置设计如图4.26~图4.28所示。其中,P为压力监测点代号;S为应力监测点代号。

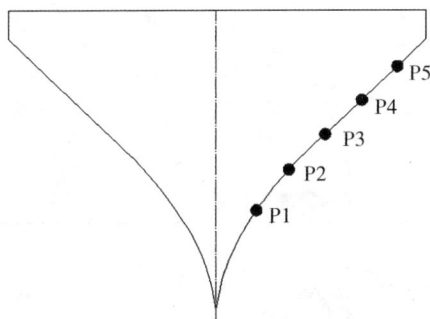

图4.26 二维外飘砰击模型压力测点布置设计

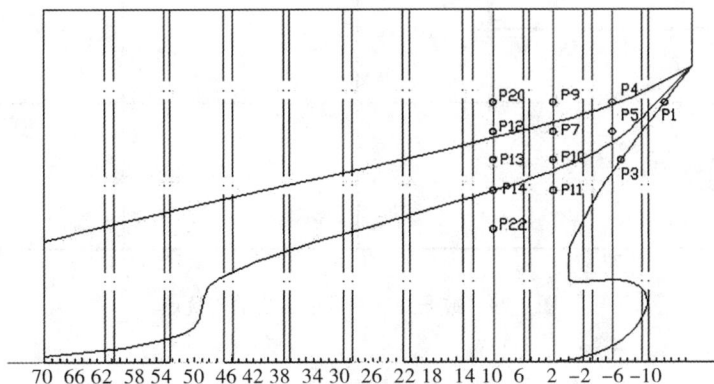

图4.27 三维外飘砰击模型压力测点布置设计

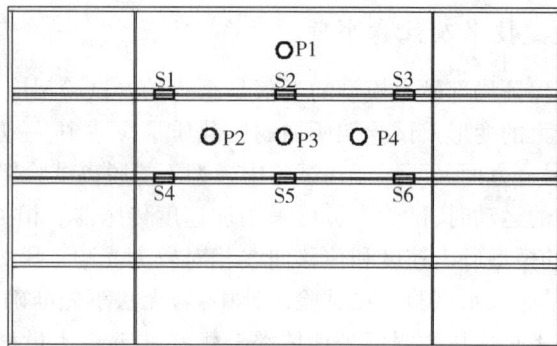

图 4.28　底部平板试件测点布置

4.3.5.4　数据分析关键技术及注意事项

由于砰击瞬态的时间短、响应突变大,在压力监测上往往会出现一些不必要的干扰点。因此,在试验数据的处理和分析上,试验人员需要通过结合砰击压力时历曲线和加速度时历曲线来排除干扰点的影响,从而计算出正确的砰击压力峰值。图 4.29 给出了数据处理中可能出现的干扰点。

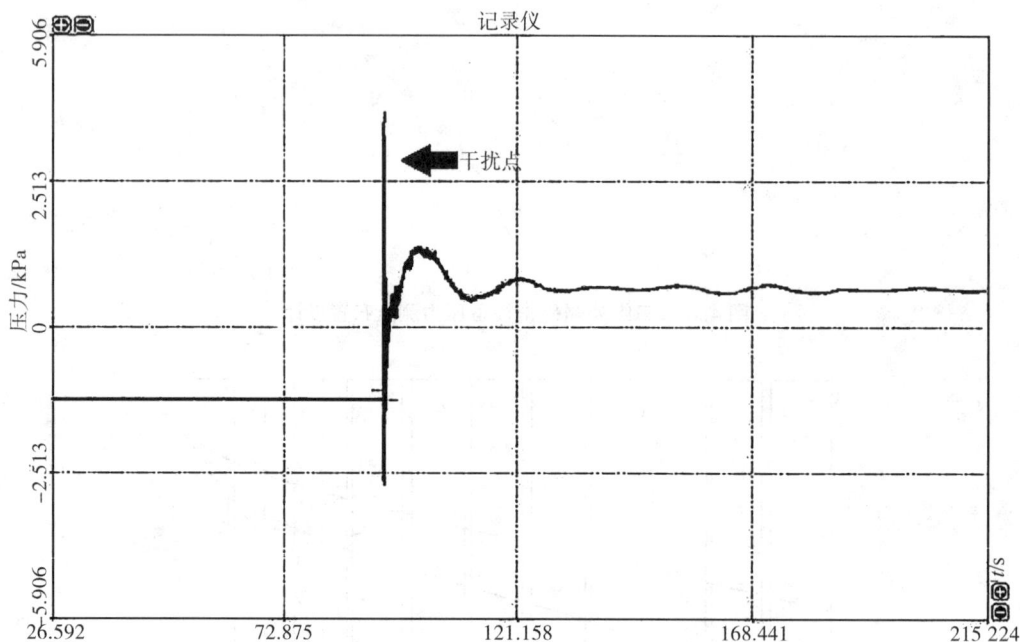

图 4.29　数据处理中可能出现的干扰点

4.4　浮式生产储卸油船模型系泊试验

随着全球工业的日益壮大,深海石油开采在近几十年里得到了显著的发展。超大型浮式生产储卸油船(FPSO)作为一种集多功能于一体的海上浮式油气处理装置,具有作业范围广、移动灵活、重复使用率高、投资成本低、储油量大等优点,非常适用于深海油田的开发[18]。由于 FPSO 需要长期甚至永久系泊于某一海域,因此此系泊条件下风、浪、流等海洋环境条件是影响 FPSO 作业安全和作业效率的关键因素[19]。作为直观表征海洋环境对 FPSO 影响程度的重要参数,FPSO 与系泊系统耦合下的水动力性一直都是船舶设计研究人员关注的热点之一。而 FPSO 模型系泊试验则是实现与验证 FPSO 相关研究的重要手段,其试验成果将直接制约系泊 FPSO 设计的合理性与可靠性。

4.4.1 试验方案设计

试验模型设计。FPSO 模型可选取玻璃钢和木材作为主要的制作材料,根据合适的缩尺比进行制作,如图 4.30 所示。主船体外壳部分可结合船体型线图进行设计。而主甲板以上的生活楼、钻井模块、生产模块以及其他甲板设备则可根据总布置图采用 3D 打印的方式进行局部构件的制作和布置[20-21];根据系泊系统的相关设计,在船体外壳上布置连接环,用于系泊缆索的连接。

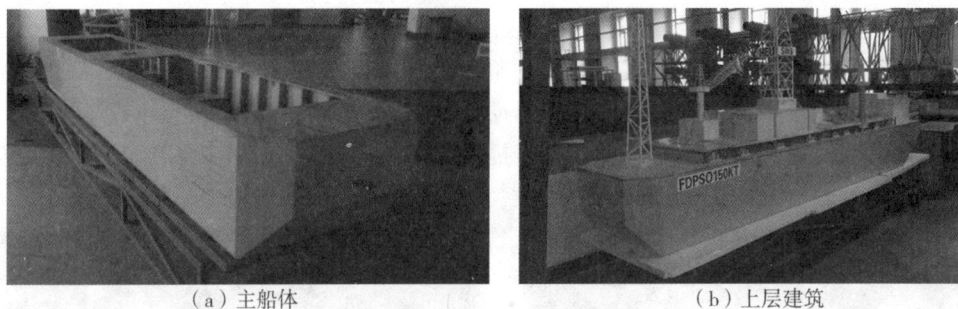

|（a）主船体|（b）上层建筑|

图 4.30 FPSO 模型制作

在 FPSO 系泊试验中,主要用到的传感器包括拉力传感器、三分测力天平、加速度传感器、压力传感器、浪高仪等。拉力传感器主要用于测量系泊缆索顶部张力;三分测力天平则用于测量船体周边的流载荷;加速度传感器用于测量船体运动的加速度;压力传感器用于测量月池剖面水压力;而浪高仪则用来测量试验水池中的波高及月池内波面的高度。在数据采集设备上,可采用 DH5902 数据采集系统来进行波浪压力、系泊缆索等数据的采集。同时,考虑到需要测量系泊缆索的张力,试验人员不再使用传统的适航仪进行模型运动的测量。在 FPSO 船体运动幅度的监测上,可采用非接触式光学运动测量系统。

4.4.2 前期试验准备

4.4.2.1 模型参数调试

为了保证模型与实际 FPSO 的重量、重心以及转动惯量相似,模型试验之前需要调整重心和转动惯量。首先,要先对实际浮体的重量、重心及转动惯量进行理论估算。该理论估算可通过有限元软件 Patran 建模实现,同样亦可以采用船舶经验公式进行初步估算。其中,主要参量的估算公式为

①纵向惯性半径

$$K_{\theta\theta} \approx 0.25L \tag{4-8}$$

②纵向转动惯量

$$J_{\theta\theta} = \frac{D}{g}K_{\theta\theta}^2 \tag{4-9}$$

③横向惯性半径

$$K_{\phi\phi} \approx 0.35B \tag{4-10}$$

④横向转动惯量

$$J_{\phi\phi} = \frac{D}{g}K_{\phi\phi}^2 \tag{4-11}$$

式中：L、B、D 分别为船长、船宽和型深；g 为重力加速度。通过添加、移动压载重块的位置，试验人员即可实现 FPSO 模型重量、重心以及转动惯量的调整。相关调整步骤见 2.4 节。

4.4.2.2 自由摇荡衰减试验

在进行风浪流系泊联合试验之前，试验人员需要了解 FPSO 模型的相关运动特性。因此，需要对 FPSO 模型在无系泊状态下进行自由摇荡衰减试验。首先，试验人员在 FPSO 模型处于静水平衡状态时施加一个外力使其产生横倾角或纵倾角。然后，试验人员突然去除外力作用，模型便会在静水中绕平衡位置做自由衰减运动，直至稳定于平衡位置。如图 4.31 所示。试验人员应用陀螺仪实时测量并记录模型在整个摇荡衰减运动中的角度时历曲线，通过数据分析即可得出运动的固有周期和无因次阻尼系数，相关计算过程可见 2.6.2 节。

（a）自由横摇　　　　　　　　　　（b）自由纵摇

图 4.31　FPSO 模型自由横摇与自由纵摇衰减试验

4.4.2.3 风载荷试验

在试验拖曳水池中，试验人员将多个风机组合在一起，并起吊调整至与水池静水面贴近。试验人员通过同时启动多风机可模拟船舶遭遇的风场，如图 4.32 所示。

图 4.32　FPSO 风载荷试验场景

在风载荷的测量上,试验人员则是通过在与船体连接的拉绳上安装拉力传感器,并将测量船体平衡时所受到的拉力作为船体总风力。同时,试验人员通过调节风机转速进一步分析风载荷与风速的关系,如图 4.33 所示。

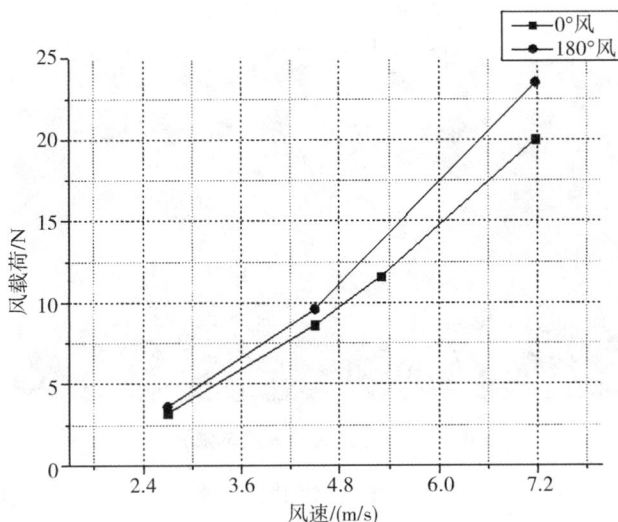

图 4.33 风载荷与风速的关系

为了使试验具有普遍性,在风载荷试验的数据处理上往往采用载荷系数作为衡量单项载荷对于船舶的影响[22]。由于风载荷主要与风速有关,因此 FPSO 的风载荷系数可以表示为

$$C_{WD} = \frac{F_W}{v_W^2} \tag{4-12}$$

式中:C_{WD} 为风流载荷系数;F_W 为风流载荷;v_W 为风速。结合风载荷试验数据,表 4.6 给出了不同风向角和风速下的试验测试结果以及相应的风载荷系数。

表 4.6 不同风向角和风速下的试验测试结果与相应的风载荷系数

风向角	风速/(m/s)	试验值/N	载荷系数
0°	2.70	3.20	0.44
	4.48	8.60	0.43
	5.30	11.60	0.41
	7.17	20	0.39
180°	2.70	3.60	0.49
	4.50	9.60	0.47
	7.17	23.50	0.46

4.4.2.4 流载荷试验

在船舶航行时,除风和波浪载荷对 FPSO 具有影响之外,流载荷也对 FPSO 的运动具有一定的干扰作用。在流载荷的测量上,主要应用了相对流的理论,将 FPSO 系泊时周边环境波浪的流动转化为在静水中 FPSO 移动所遭遇的等效相对流。因此,采用静水拖航试验方法来测量等效流载荷。模型试验时,试验人员可根据不同的拖车航速来模拟不同的流速,并在托绳上安装拉力传感器来测量托绳上的总拉力,如图 4.34 所示。试验流场与传统静水阻力试验类似,而此测量得到的拉力被视为 FPSO 模型的等效流载荷。

图 4.34　等效流载荷测试试验

与风载荷类似,为了使试验具有普遍性,在流载荷试验的数据处理上也采用载荷系数来作为衡量单项载荷对于船舶的影响。由于流载荷主要与流速有关,因此 FPSO 的流载荷系数可以表示为

$$C_{CD} = \frac{F_C}{v_C^2} \tag{4-13}$$

式中: C_{CD} 为流载荷系数; F_C 为流载荷; v_C 为流速。根据来流方向与装载的不同,试验人员可设计多种模型航速,并通过拖航试验计算出不同来流角和流速下的流载荷和载荷系数,如表 4.7 和图 4.35 所示。

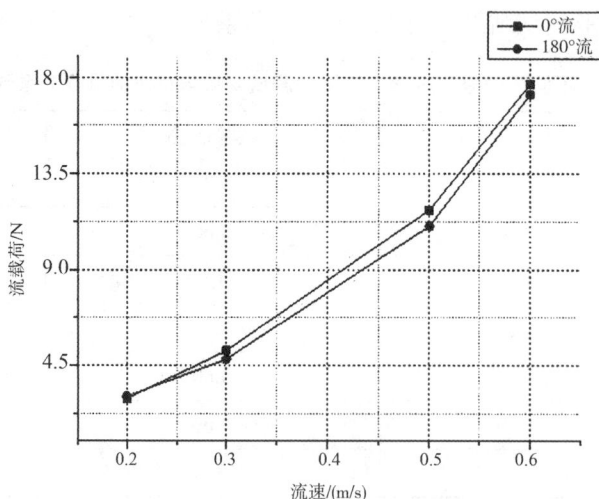

图 4.35　不同来流角和流速下流载荷和载荷系数

表 4.7 不同来流角和流速下试验测试的结果和载荷系数

来流角	流速/(m/s)	试验值/N	载荷系数
0°	0.20	2.96	74.00
	0.30	5.20	57.78
	0.50	11.80	47.20
	0.60	17.70	49.17
180°	0.20	3.07	76.75
	0.30	4.80	53.33
	0.50	11.05	44.20
	0.60	17.20	47.78

4.4.2.5 系泊缆的模拟与张力调试

在模型试验之前,试验人员需进行系泊缆的标定试验,从而使试验系泊缆具有与理论相符的刚度特性。试验系泊缆是采用柔性钢丝绳、弹簧等构件组成,如图 4.36 所示。由于在试验尺度内柔性钢丝绳伸缩性能不好,故系泊缆的拉伸性主要由弹簧模拟。同时,考虑到实际系泊缆具有较大的重量,在柔性钢丝绳需要安装足够数量的铅粒以保证重量与原尺寸系泊缆相似。此外,在系泊缆上安装张力传感器,并在首端与尾端采用铁链来模拟实际锚链。

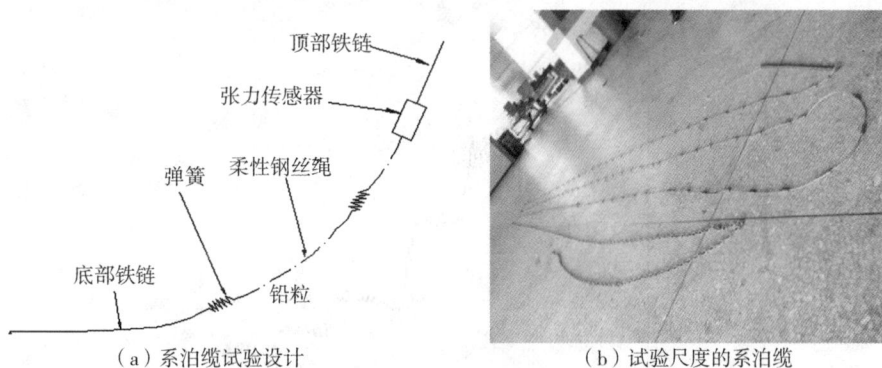

（a）系泊缆试验设计　　　　　　　（b）试验尺度的系泊缆

图 4.36 FPSO 系泊缆模拟

通过对系泊缆张力值不断地测试和调整,使得制作后的系泊缆能够在满足实船系泊缆拉伸特性的条件下符合试验要求。图 4.37 给出了调整完成后的试验系泊缆拉伸特性。

4.4.2.6 船舶系泊系统刚度试验

船舶系泊系统是指多个系泊缆在不同方位上锚定后形成的一个船体平稳定位系统。在船舶运动时,系泊系统会自动产生一个水平回复力,从而迫使船舶回到稳定位置。事实上,系泊系统在某种程度上相当于一种安装在船舶水平方向的非线性弹簧。因此,系泊系统刚度是验证系泊系统模型能否很好地模拟实船系泊问题的重要指标。而系泊系统刚度试验的开展是获得船舶系泊系统在纵荡和横荡上刚度系数的主要途径。

在系泊系统特性试验中,试验人员通过滑轮组将重物的重力转化为施加在船舶纵向或横

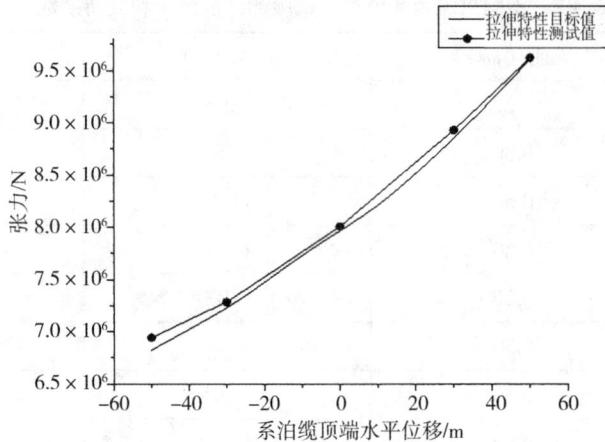

图 4.37　调整完成后的试验系泊缆拉伸特性

向上的一个稳定水平力,从而使得模型偏离平衡位置。通过拉力传感器和非接触光学测量系统,试验人员可以获得系泊系统的回复力和模型偏移量。同时,通过不断改变重物的重力来调整水平力的大小,从而最终获得回复力与偏移量的对应关系,计算得到系泊系统的刚度系数。试验人员将试验获得的刚度系数与目标刚度相对比,如存在差距的话,则通过调整系泊缆上的弹簧来使模型测量的刚度与设计刚度最终保持一致。图 4.38 和图 4.39 分别给出了 FPSO 模型系泊系统的纵向刚度测试时历和结果统计对比。

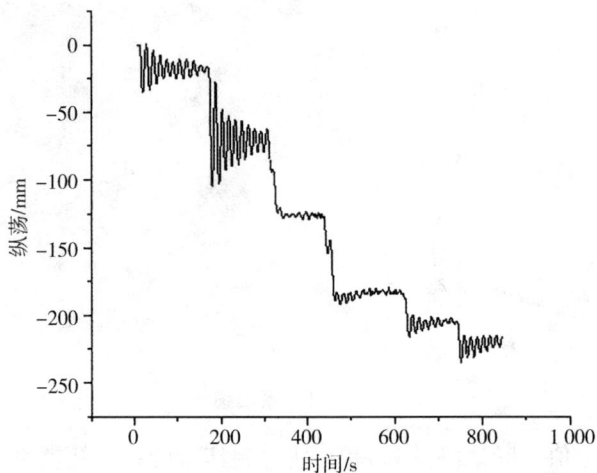

图 4.38　FPSO 模型系泊系统的纵向刚度测试时历

4.4.2.7　系泊状态下 FPSO 衰减试验

在船舶系泊的状态下,由于系泊回复力的存在,船舶水平运动会产生衰减。在横荡运动上,模型在瞬态强迫力的作用下由初始平衡位置移动有限距离,然后在系泊系统回复力的作用下船体水平运动来回振荡并衰减至平衡位置。同样,船舶横摇与纵摇在系泊系统的作用下,其运动周期和阻尼也会有所改变,因此有必要测量系泊状态下船舶模型的摇荡衰减。系泊状态下静水衰减的试验方法同模型自由衰减类似,试验人员待模型在静水中处于平衡状态时,施加

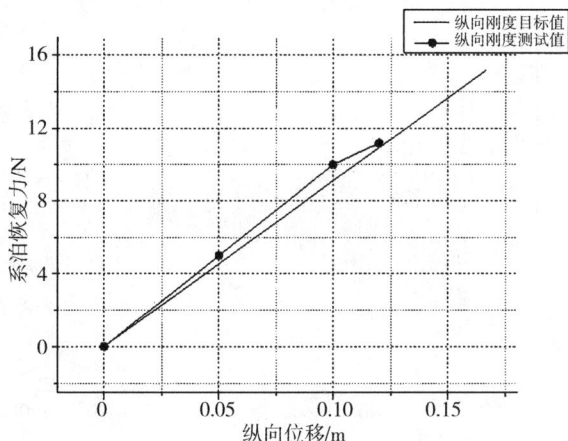

图 4.39　FPSO 模型系泊系统的纵向刚度结果统计对比

一个外力使其纵向或横向移动至某一角度和位移,然后突然撤销外力作用来使模型在静水中绕平衡位置做摇荡衰减运动。

衰减试验的整个过程均利用非接触光学测量系统来监测 FPSO 的运动衰减,试验人员即可获得系泊状态下 FPSO 的固有周期和阻尼系数,其中 FPSO 运动衰减的阻尼系数可表示为

$$\mu = \frac{1}{\pi}\ln\left|\frac{\phi_{An}}{\phi_{An+1}}\right| \tag{4-14}$$

式中:μ 为无因次阻尼系数;ϕ_{An} 和 ϕ_{An+1} 为第 n 和 $n+1$ 个峰值或谷值。图 4.40~图 4.42 分别给出了 FPSO 在系泊状态下横荡、横摇和纵摇的衰减时历曲线,并将试验获得的周期与阻尼系数结果汇总于表 4.8 中。

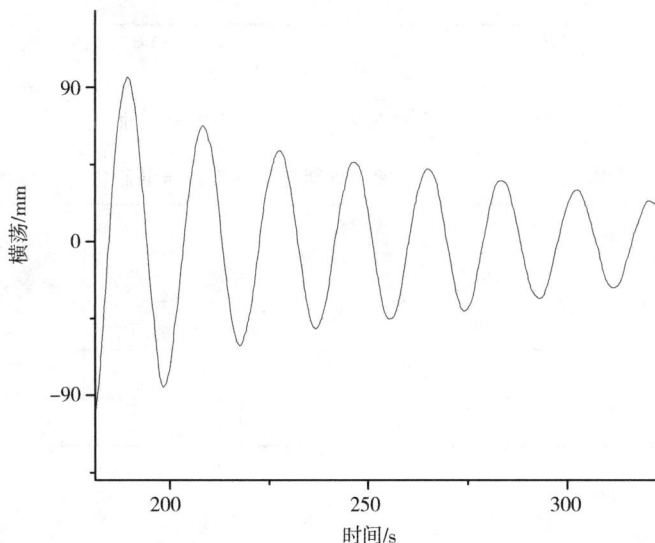

图 4.40　在系泊状态下 FPSO 横荡的衰减时历曲线

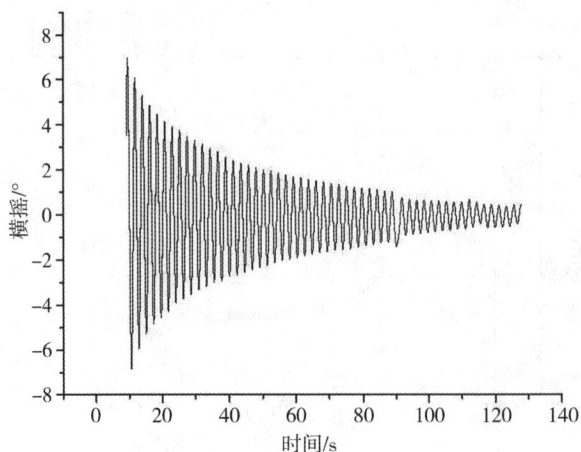

图 4.41　在系泊状态下 FPSO 横摇的衰减时历曲线

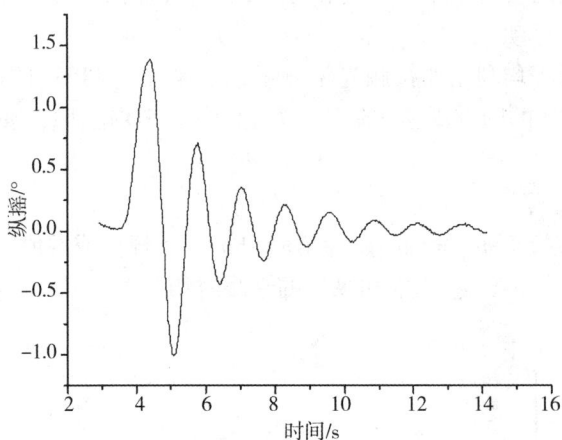

图 4.42　在系泊状态下 FPSO 纵摇的衰减时历曲线

表 4.8　FPSO 衰减试验的周期与阻尼系数结果汇总

工况	周期/s		无因次阻尼系数
	模型	实船	
横荡衰减	19.04	147.50	0.063
横摇衰减	2.16	16.73	0.041
纵摇衰减	1.34	10.38	0.116

4.4.2.8　波浪标定试验

除船模自身相关属性的标定之外,水池中模拟的波浪在试验前也需要进行标定,特别是存在由造波机制造的不规则波来模拟实际海况环境的设计工况时。波浪标定试验一般可借助固定式波浪测量仪来完成。通过在试验水池造波机前合适位置处安装固定式波高仪,试验人员可获得造波机模拟出的波浪时历。这些波浪时历将进一步被化成功率谱,并与造波机设置的目标功率谱相对比来分析波浪模拟的准确度。图 4.43 和图 4.44 分别给出了 FPSO 作业海况和生存海况下不规则波标定的对比结果,其中作业海况指 FPSO 在正常运营一年内的典型海洋环境,而生存海况则为 FPSO 全生命周期内可能遇到的最恶劣海洋环境。

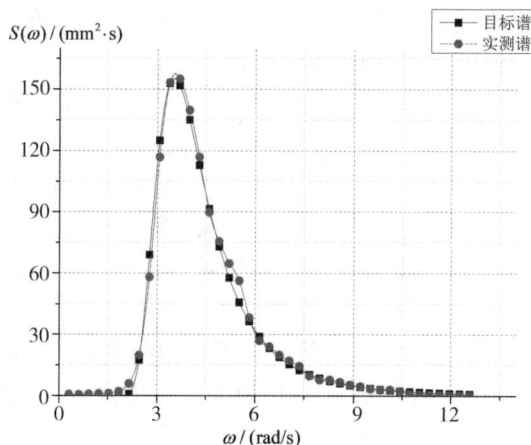

图 4.43　FPSO 作业海况不规则波标定

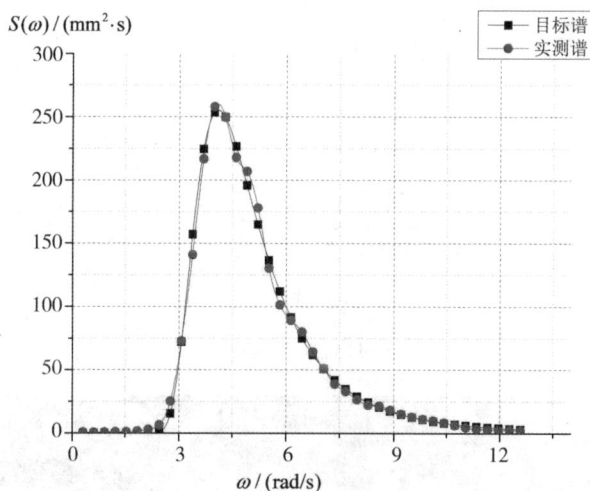

图 4.44　FPSO 生存海况不规则波标定

4.4.3　系泊试验与数据分析

4.4.3.1　规则波试验

与船舶模型试验类似,试验人员首先进行模型的规则波试验。在水池的一端利用造波机模拟不同波高、不同频率的规则波。在等待波浪充分发展并稳定的时候,试验人员利用非接触式光学运动测量系统和拉力传感器同步监测系泊状态下 FPSO 模型的运动和系泊缆张力。通过分析 FPSO 模型的运动和系泊缆张力时历曲线在不同规则波下的波动特点,试验人员总结系泊系统对于 FPSO 运动的影响。

4.4.3.2 风、浪、流联合试验

为了更加全面地模拟 FPSO 运营的真实海洋环境,除了对阵风、波浪、水流进行单项模型试验外,其多因素耦合的联合试验也是需要实施的。FPSO 风、浪、流联合试验将借助前期风、浪、流各个单项试验设计的经验,对模型在复合因素下的运动和系泊缆张力进行测量。在风载荷的施加上,与 4.4.2.3 节中的风载荷试验保持一致,通过多风机系统模拟 FPSO 水面以上的定常风场。在流载荷的施加上,结合 4.4.2.4 节中流载荷试验的结果,将流载荷视为一种额外的水平拉力[23]。试验人员利用钢绳连接 FPSO 船体与岸边滑轮组,钢绳的一端通过滑轮组进一步悬挂砝码,从而将标定好的砝码重量作为等效流载荷。在波浪载荷的施加上,则是采用传统的水池耐波性试验方法。试验人员将 FPSO 模型释放在水池中,并在水池中制造相对模型尺寸的波浪来模拟 FPSO 的波浪环境。

在 FPSO 风浪流联合试验中,由于风与流载荷可视为定常载荷,故可以被试验人员提前施加。试验人员首先将砝码悬挂于钢绳上,钢绳拉力即可转化为 FPSO 遭受的流载荷。然后,试验人员开启风机模拟风场,待水池上方的风场与 FPSO 模型稳定后进一步开启造波机制造波浪。当 FPSO 模型进入波浪稳定段时,试验人员可利用非接触式光学运动测量系统和拉力传感器来记录系泊状态下 FPSO 模型的运动和系泊缆的张力。图 4.45 给出了风、浪、流联合试验下的设计方案与试验过程。

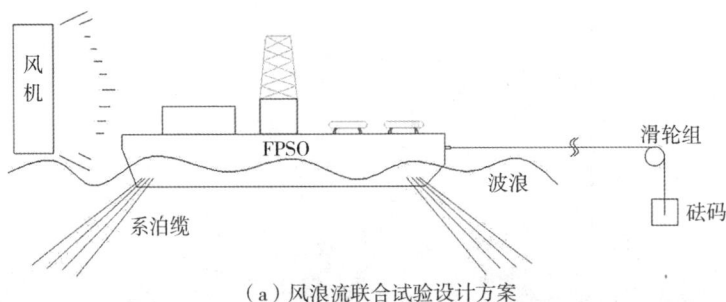

（a）风浪流联合试验设计方案

（b）风浪流联合试验过程

图 4.45　风、浪、流联合试验下的设计方案与试验过程

4.4.3.3 数据分析

在船舶水动力研究中,为了体现物理量的特性以及方便后续试验数值与实船值换算,习惯上将模型测量值进行无因次化处理。表 4.9 给出了 FPSO 模型的运动、载荷以及系泊缆张力等相关参数的无因次化表达公式。如果需要将无因次化结果转换为实船结果,试验人员只需将

表4.9中无因次化表达式内的数值与无因次化结果相乘即可。

表4.9 FPSO模型相关参数的无因次化一览表

测量部位	测量物理量	无因次化表达式
月池	波面升高	$Z/(\zeta_a)$
	压力	h/ζ_a
钻井塔	纵向加速度	$A_{surge}/(\zeta_a g/L)$
	横向加速度	$A_{sway}/(\zeta_a g/L)$
	垂向加速度	$A_{heave}/(\zeta_a g/L)$
系泊缆	张力	$F/(\zeta_a \rho gLB)$
船体运动	纵摇	$\theta/(K\zeta_a)$
	横摇	$\phi/(K\zeta_a)$
	艏摇	$\psi/(K\zeta_a)$
	纵荡	$X/(\zeta_a)$
	横荡	$Y/(\zeta_a)$
	垂荡	$Z/(\zeta_a)$

式中：Z表示波面相对船舶的高度；h表示波浪压力的等水柱高；A_{surge}、A_{sway}、A_{heave}分别表示模型首部、中部以及尾部加速度的幅值；θ、ϕ、ψ表示纵摇、横摇以及艏摇的幅值；F为系泊缆张力；K为波数；ζ_a表示波幅；ρ表示水的密度，取值1000 kg/m³；g表示重力加速度，取值9.81 m/s²；L为船长；B为船宽。

　　结合无因次化的数值处理手段，可以对监测到的FPSO模型运动响应幅度算子（RAO）进行统计。图4.46给出了不同波长船长比下模型纵荡RAO的分布。观察可知，随着波长的不断增加，FPSO的纵荡运动并不是一味地增加或减少。在波长船长比小于0.75时，其纵荡运动幅值随波长的提升呈现增加趋势。但这种趋势在波长船长比为0.75~1.0间出现改变，其在此区间内FPSO纵荡运动幅值随波长的提升有所回落。而在波长船长比大于1.0时，FPSO纵荡运动幅值又恢复了增加的趋势。

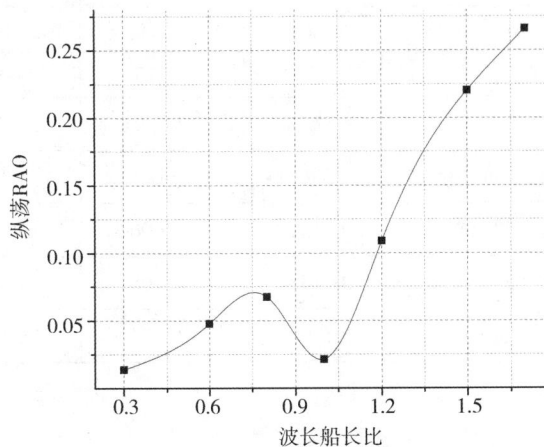

图4.46 不同波长船长比下模型纵荡RAO的分布

同时,以实船遭遇的海洋波浪周期作为基准,亦可以分析不同波浪周期下 FPSO 的垂荡运动响应,如图 4.47 所示。随着波浪周期的增大,船舶的垂荡运动也出现了非线性的波动变化。垂荡运动在 FPSO 遭遇周期为 11.42 s 和 19.72 s 出现了局部峰值,其后均出现了回落趋势。其中,第二次垂荡幅值的峰值较第一峰值扩大了 5.36 倍。

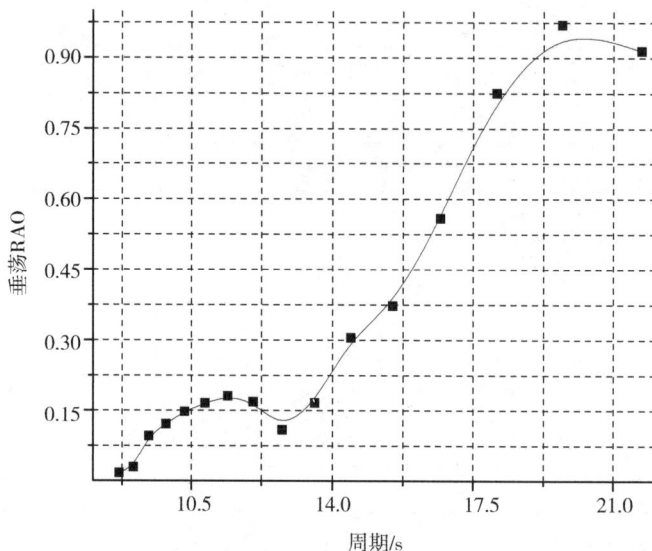

图 4.47 不同波浪周期下 FPSO 垂荡运动 RAO 分布

对于不规则波联合试验,在数据的分析上需要采用统计值。FPSO 试验统计值是在计及整个风浪流载荷作用之后,监测到的 FPSO 运动以及系泊缆张力的最大值、最小值、平均值、有义值。根据相似理论,试验人员即可得到船体运动、月池波面升高、钻井加速度以及系泊缆张力对于实船总体的响应值,如表 4.10 所示。

表 4.10 不规则波联合试验下实船尺度统计结果

响应类别	数据类型	最大值	最小值	平均值	有义值
运动	纵荡/m	−1.07	−5.65	−3.48	4.79
	垂荡/m	1.72	−2.30	−0.24	1.22
	纵摇/(°)	1.12	−1.13	−0.04	0.68
系泊缆	张力/kN	8 672.18	7 512.91	8 076.02	269.78
月池波面	波面升高/m	1.538	−1.664	0.067	0.725
	压力水柱高度/m	0.713	−1.000	−0.073	0.376
钻井塔加速度	纵向加速/(m/s²)	0.318	0.308	0.002	0.167
	横向加速/(m/s²)	0.199	−0.234	0.000	0.090

4.4.4　试验关键技术及注意事项

4.4.4.1　风场模拟技术

风速的大小由转速决定,因此在水面上模拟风场之前,必须了解转速与风速的关系,才能保证风场的模拟符合试验要求。风场标定试验主要是用风速计在风机前不同高度与不同水平距离的位置测量风速,风场监测位置如图 4.48 所示。通过标定试验发现,风速在高度方向上以及水平面上变化很小,因此布置矩阵风机来模拟 FPSO 风载荷的作用是可行的,其施加的风载荷在整个模型上可以认为是定常风。

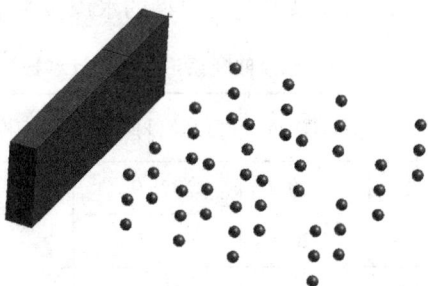

图 4.48　风场监测位置

4.4.4.2　流载荷模拟技术

在流载荷的模拟上,可采用静水拖航的阻力来等效流载荷。在风流载荷试验中,试验人员可用光滑钢丝绳连接到船体与岸边的滑轮组导架,从而保持船舶模型只受到水平作用力。通过改变砝码的重力,试验人员即可获得不同大小的等效流载荷。滑轮组导架的设计与安装,如图 4.49 所示。

（a）滑轮组导架设计　　　　　　　　　　（b）滑轮组导架的安装

图 4.49　滑轮组导架的设计与安装

4.4.4.3　等效水深的截断设计技术

在普通拖曳水池进行 FPSO 系泊试验发现,采用常规试验中满足弗劳德数相等的条件会使得水池尺度严重不足,因此需要采用水深截断系泊系统来代替原设计的系泊系统进行系泊

试验[24]。ITTC 提出水深截断系泊系统的设计准则采用静力相似的原则进行截断设计,在实际操作上主要遵循以下原则:

（1）保证系泊缆与立管的数目及布置一致;

（2）保证系泊和立管系统对 FPSO 船体的水平及垂向回复力一致;

（3）保证 FPSO 船体主要运动特征一致;

（4）保证具有代表性的系泊缆和立管的张力特性一致;

（5）保证系泊缆和立管在波浪和海流中的阻尼及流体作用力一致。

在截断设计中,以钢缆和底部锚链的参数作为变量,在计及水池的长宽尺度的限制条件下使目标系泊系统与截断系泊系统的回复特性保持一致,从而进行 FPSO 模型试验系泊系统的设计。表 4.11 给出了以 1 500 m 水深系泊缆为原型的水深截断系泊系统设计参数。

表 4.11　水深截断系泊系统设计参数

参数	成分	长度/m	湿重/(kg/m)	轴向刚度/(MN/m)	水平跨距/m
1 500 m 水深系泊系统	船链 R4S	100	386.9	1 221	3 000
	系泊缆	2 200	79.5	1 735.7	
	底链 R4S	1 100	386.9	1 221	
600 m 水深截断系泊系统	船链 R4S	100	386.9	1 221	1 066.5
	截断缆	700	620	400	
	底链 R4S	540	650	1 221	

图 4.50～图 4.53 给出了水深截断系泊系统在纵荡水平回复力、横荡水平回复力、位移垂向力以及纵荡纵摇耦合等特性的对比。

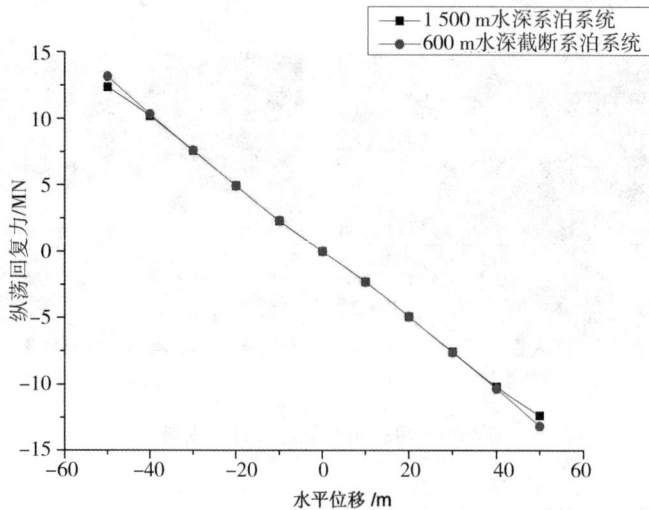

图 4.50　纵荡水平回复力特性对比

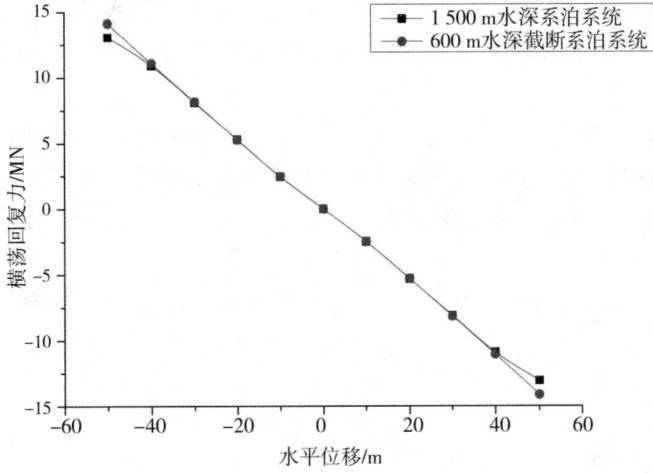

图 4.51　横荡水平回复力特性对比

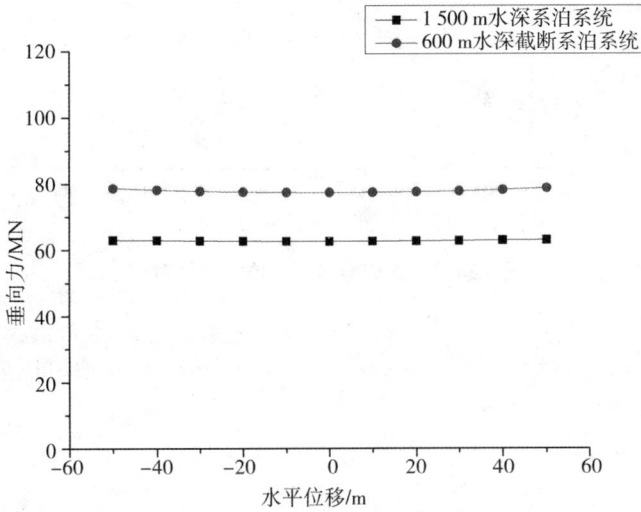

图 4.52　位移垂向力特性对比

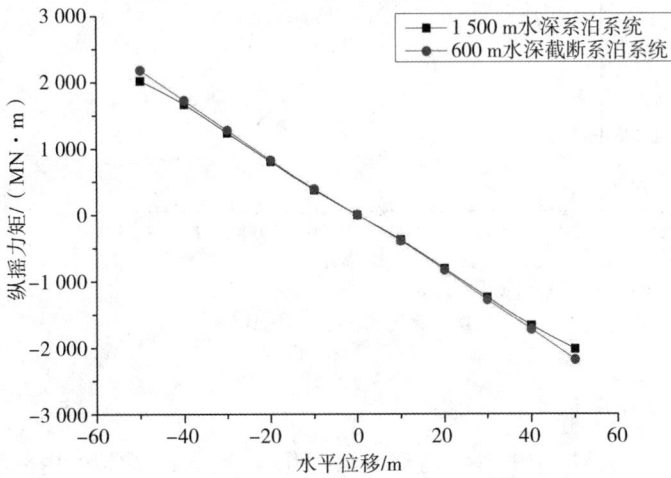

图 4.53　纵荡纵摇耦合特性对比

由图 4.50~图 4.53 可知,垂向力在截断后始终比原水深系泊系统大,但其差值近似为一个常数,且相对船体的排水量为一个小量(占总排水量的 3% 以下),在实际试验中可以通过减少一定的压载来减小误差。

而图 4.54~图 4.55 则进一步给出了单根锚链线张力位移特性以及缆绳形态的对比。由图可知,虽然在静水中截断系泊系统的缆绳形态与未截断系泊缆绳形态有所差距,但单根锚链线张力位移特性仍吻合得较好。因此,总体上可以认为等效水深的截断设计技术是可行的。

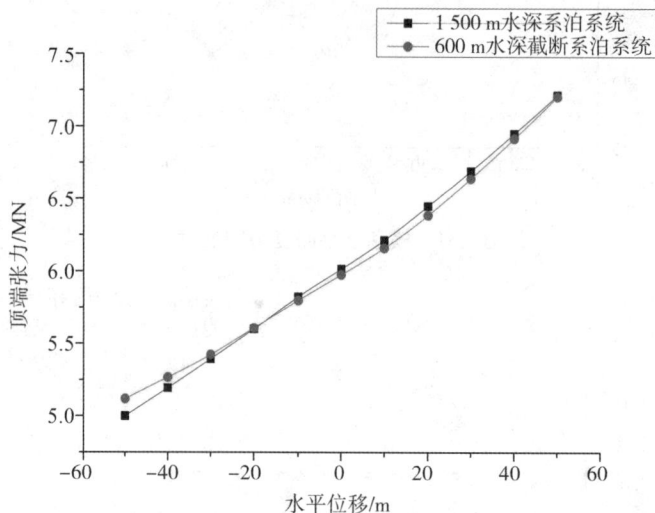

图 4.54　单根锚链线张力位移特性对比

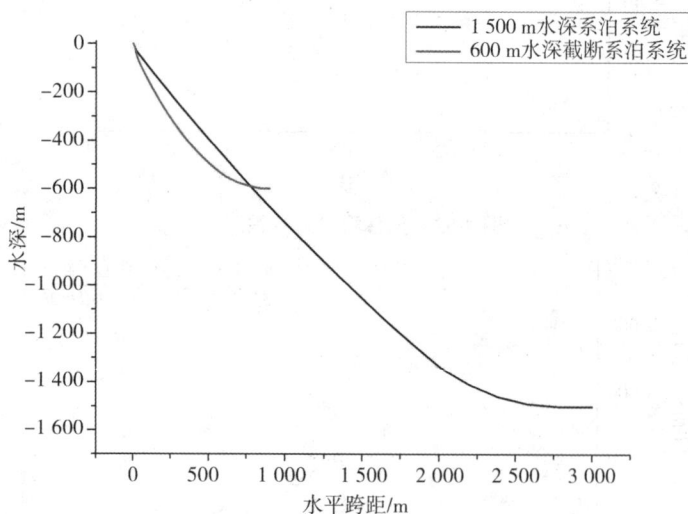

图 4.55　缆绳形态的比较

4.4.4.4　月池波面升高的测量技术

在 FPSO 系泊中,其结构中的月池内部波浪变化复杂,因此需要采用模型试验进行测量。事实上,在月池按缩尺比缩小后,FPSO 模型实际的月井空间狭小,从而使得月井空间内波浪的测量存在困难。在波面升高的测量上,可采用浪高仪与压力传感器联合测量的方式。试验人员通过在月池中部布置固定式浪高仪以及在月池周边壁面上布置压力传感器,从而得到月池中心的波面运动与四壁的水动压力,以此来推测月池的波面变化状况。图4.56 给出月池内传感器的布置示意图。

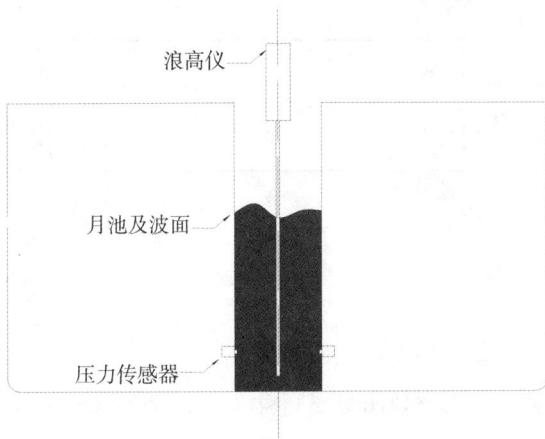

图 4.56　月池内传感器布置示意图

4.4.4.5　试验注意事项

（1）FPSO 模型惯量调试时,由于涉及装载工况较多,因此要准确地记录每个装载工况下各个压载的位置,以及不同工况下压载的更换方法和步骤。建议在模型试验中做明确的标记,从而能够快速地更换装载工况。

（2）FPSO 模型系泊状态下,由于需要频繁地调换方向与装载,因此在试验总体设计布置上需要尽可能地用图详细描绘。特别是在模型试验更换浪向、风向以及流向时,需要厘清各个位置传感器的测量参数的物理意义,从而避免由于工况变化带来的监测数据类型遗漏。

在实际操作中,需要根据实际水池尺寸条件布置好 FPSO 系泊系统。同时,需要建立正确的坐标系。以船体的重心为原点,从船尾部指向首部为纵向轴正方向,垂直向上为垂向轴正向,左舷向右舷为横向轴正向,首部迎浪为 0°浪向。在系泊系统布置完成后,可调整船舶模型方向来改变浪向和流向。图4.57 给出了迎浪、首斜浪以及横浪 FPSO 的坐标定位与锚点布置,而图4.58 给出了尾斜浪和随浪 FPSO 的坐标定位与锚点布置

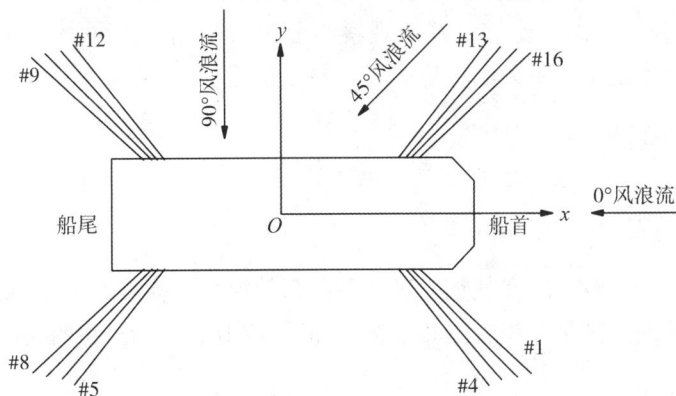

图 4.57　迎浪、首斜浪以及横浪 FPSO 的坐标定位与锚点布置

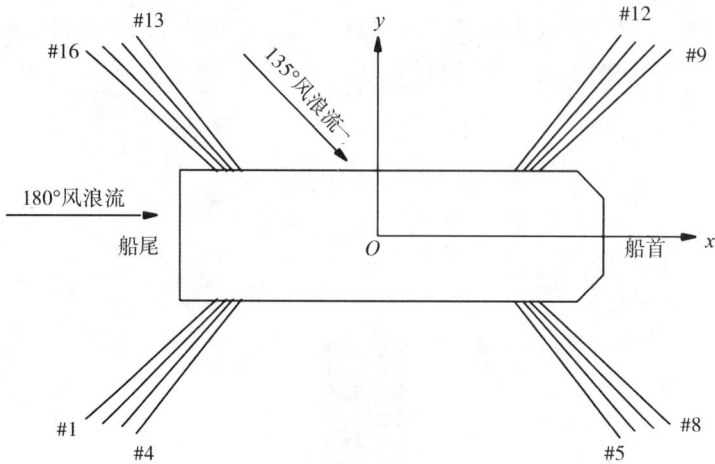

图 4.58　尾斜浪和随浪 FPSO 的坐标定位与锚点布置

（3）在进行风、流载荷测试时,应选取流载荷较大的工况,通过适当提高流速(即拖航速度)增加流载荷测量的准确性。风速亦可以选取相对较高工况,通过多次测量,当风载荷与风速平方呈线性关系即可开始试验。

（4）风浪流联合试验时,适当提高风机布置位置,避免由于反向波浪使不规则波出现波峰拍入风机,从而影响风载荷的模拟。

（5）横浪试验时,应使得波长覆盖横摇固有频率,以测试可能出现的横摇共振。

（6）在大波高横浪下往往会出现甲板上浪,为了避免损伤模型上层建筑与仪器设备,在工况实施上应由小波高工况开始。如果上浪过于剧烈,应及时停止试验。

4.5　气垫船载荷模型试验

气垫船作为一种性能优异的高速特种船舶,其在复杂海洋环境下的运动和载荷一直受到船舶设计人员的关注。由于气垫船在航行过程中主要依靠气垫效应,其运动和载荷特点较之传统船舶而言差异较大。为了能够更好地观察与分析气垫船在不同海况下的运动和载荷特征,相关学者设计并实施了一系列的气垫船载荷模型试验。

4.5.1　试验方案设计

4.5.1.1　模型设计的主要相似关系

由于两栖气垫船的特殊性,在气垫船运动和载荷的模型试验设计上,除满足一般船舶的几何相似外,最为重要的是满足船模流体和结构动力特征相似。因此,在船模设计上主要依据的相似关系为:

（1）船模与实船沿船长的纵向重量分布相似;

（2）船模与实船的外形几何相似；

（3）船模与实船重心的纵向惯性半径相似；

（4）围裙的刚度和单位面积重量相似[25]，其中围裙单位面积重比为

$$\frac{\bar{W}_{SS}}{\bar{W}_{SM}} \propto \lambda \tag{4-15}$$

式中：$\bar{W}_{SS}$ 为实船围裙（含连结件）的单位面积重；$\bar{W}_{SM}$ 为船模围裙（含连结件）的单位面积重。

同时，在工况设计上，需要进一步考虑船模做垫升状态航行时的流体动力相似，即

（1）根据弗劳德数相等，要求船舶

$$\frac{v_{SS}}{v_{SM}} = \sqrt{\lambda} \tag{4-16}$$

（2）模型与实船的单位面积气垫压力比相似，其中单位面积气垫压力 $\bar{p}_c$ 为

$$\bar{p}_c = \frac{p_c}{\rho_a g L} \tag{4-17}$$

式中：p_c 为气垫压力；ρ_a 为空气密度；L 为船长。

（3）模型与实船的单位面积气垫流量系数相似，其中单位面积气垫流量系数 $\bar{Q}_c$ 为

$$\bar{Q}_c = \frac{Q_c}{S_c \sqrt{\dfrac{2}{\rho_a p_c}}} \tag{4-18}$$

式中：Q_c 为气垫流量；S_c 为气垫面积。

（4）船模和实船的风机无因次特性曲线相同或转速比相同。一般情况下，应尽量做到船模和实船的风机系统性能特性曲线相似。在气垫船的风机设计上可根据性能指标来定制风机或采用串联方式调试现有风机，以满足试验风机性能曲线要求。

（5）囊压比相似

考虑到气垫船囊压 p_b 在船体运动上的重要作用。在模型的设计上需要保持模型与实船在囊压与气垫压力比值的相似。事实上，由于雷诺数相似较为困难，模型与实船的囊孔泄流系数上往往呈现不同的结果。为实现模型与实船囊压比的相似，模型与实船囊孔面积应根据有效囊孔面积进行缩尺。

4.5.1.2　试验模型设计

在气垫船模型的设计上，主要需要考虑船模风机系统、数据测量装置以及船模制作材料三部分的实际重量，并结合试验水池的条件来确定合适的船模缩尺比。为了能够有效地测量船体载荷，还需要对气垫船模型进行分段处理。由于模型分段需要进一步考虑船模气道结构，因此建议设计分段数不宜过多。在无特殊试验测试需求下避免沿船舶模型中纵剖面断开。分段之间采用测量梁连接，并用弹性较好的橡胶封条密封。同时，在船体刚度设计上主要通过优化船模材料和测量梁的尺寸来保障气垫船模型满足刚度分布的相似。此外，由于气垫船结构的特殊性，在船模的整体设计上要考虑模型实际操作的方便性，否则将给后续试验过程带来极大的不便，并最终影响试验测量的准确性。结合前面相似条件和常规船模的加工工艺，图4.59

给出了气垫船模型的具体设计。

图 4.59　气垫船模型的具体设计

4.5.1.3　垫升风机系统设计

船模垫升风机系统设计得好坏是气垫船模型试验成功与否的关键,因此需要格外引起重视[26]。在垫升风机系统的设计上,主要考虑以下三个方面:

(1)垫升风机系统主要包括垫升风机、风道、围裙三个部分,在进行气垫船模型试验之前,船模的垫升系统必须满足相似性要求,模型风道要与实船风道满足几何尺寸和形状的相似,从而使模型风道内空气流的流量和压力与实船的大致相同。

(2)垫升风机系统的性能特性曲线决定了气垫船的飞升特性,根据气垫船模型试验的基本相似准则中的压力比和流量系数相似,垫升风机应该满足在风机工作区域附近的风机压头和流量无因次特性曲线相似。

(3)垫升风机系统必须能够长时间持续工作,满足一定的试验工作时长。

(4)垫升风机系统的自重对船模重量的影响应被充分考虑。图 4.60 给出了一套与模型匹配的垫升风机系统。

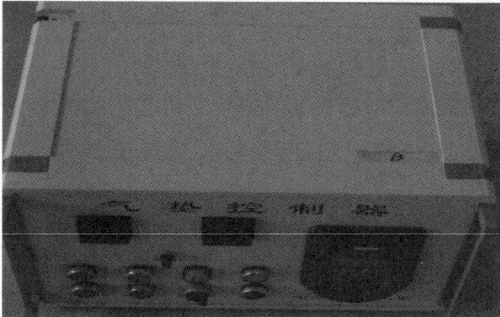

（a）气垫控制器　　　　　　　（b）原船模垫升风机

图 4.60　垫升风机系统

4.5.2　前期试验准备

4.5.2.1　试验水池的选择

气垫船模型试验多数是在中高速航行状态下进行,对试验水池的要求首先是具备足够长的距离(至少 200 m)。因此,传统的拖曳水池如哈尔滨工程大学拖曳水池仅能满足中低速试验要求。在中高速航行试验中,试验设计人员需要选择如湖北荆门水上飞机模型水池、上海闵行长拖曳水池等特殊试验场所进行模型试验。但在实施试验时需要注意的是,过长的水池距离往往会带来较为严重的波浪衰减效应,尤其是侧壁装有造波机或消波板的水池。因此,在试验之初需要对波浪在水池中衰减的影响进行分析,选择合适的距离进行模型试验。

4.5.2.2　试验仪器的准备

与传统模型试验类似,在气垫船运动和载荷试验中,需要准备浪高仪、试航仪、压力传感器、加速度传感器、应变传感器、气垫控制系统、数据采集系统、载荷测量梁、应变测试分析系统等。图 4.61 ～图 4.64 分别给出了数据采集系统、适航仪、载荷测量梁和应变测试分析系统的实物图。

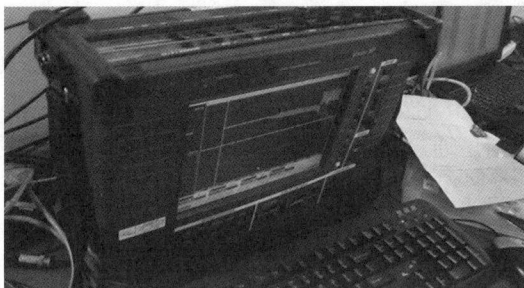

图 4.61　数据采集系统

图 4.62　适航仪

图 4.63　载荷测量梁

图 4.64　应变测试分析系统

4.5.3　气垫船模型试验与数据分析

4.5.3.1　试验内容及流程

气垫船波浪载荷试验主要测量气垫船模型在迎浪、横浪、斜浪等规则波以及不规则波中的船舶运动与波浪载荷波动,其中主要包括垂荡运动、纵摇运动、船体垂向加速度、垂向弯矩、气垫压力等。而试验的目的则是通过规则波和不规则波试验中监测到的气垫船载荷和运动响应幅值来完成实船载荷与耐波性的预报修正。同时,气垫船模型试验中气室压力分布特点的观测也为气垫压力的理论仿真提供可靠依据[27]。在气垫船模型试验中,最为典型的试验内容如下:

（1）气垫船静垫升试验

气垫船静垫升试验内容主要包括垫升高度的测量以及气垫船升沉刚度的测量。此处垫升高度是指全垫升气垫船在静水中,当风机到达额定转速时船底距水面的高度（包括水面变形部分及初始静浮吃水高度）;全垫升气垫船升沉刚度则是指气垫船载重量变化与垫升高度变化的关系。

①静垫升高度的测量:试验人员首先完全关闭风机,使船模静浮在水面上。然后逐渐增加风机转速,在每一转速下试验人员通过数据采集系统来记录气垫船的高度。当风机转速到达额定转速时,试验人员即可得到气垫船在额定转速下的静垫升高度。

②气垫船升沉刚度的测量:试验人员首先将风机调整到额定转速,使气垫船处于静垫升状态。接着,通过在重心处逐渐增加重量并记录垫升高度的变化,试验人员即可估算出气垫船的升沉刚度。

（2）气垫船在波浪中运动的测量

气垫船在波浪中运动的测量主要包括垂荡、纵摇、船首加速度、船中加速度。其中垂荡和纵摇可通过五自由度适航仪测量,船中垂向加速度、首部垂向加速度则是通过加速度传感器测量。适航仪和加速度传感器在试验之前需要进行标定试验,相关标定试验步骤可见 3.2 节和3.3 节。试验人员通过连接在适航仪以及加速度传感器上的数据采集系统,即可记录气垫船模型在波浪激励下的运动和加速度时历曲线。

（3）波浪载荷的测量

气垫船波浪载荷的测量参数主要包括气垫船首部横剖面、中部横剖面的垂向弯矩以及中纵剖面的垂向弯矩。与传统分段模型载荷试验一致,气垫船的垂向弯矩也是通过测量船体梁的变形获得的。试验人员通过测量船体梁在变形下的应力变化,并利用变形系数即可获得该位置处的垂向弯矩。在垂向弯矩的测量时,试验人员还需考虑风机运行振动所造成的白噪声信号的干扰影响。

(4)气垫压力的测量

全垫升气垫船是通过气垫压力使船体完全离开水面的,为了研究气室内气垫压力的分布情况,并给理论计算提供相关依据,试验人员在船底布置了若干压力测点。同时,在每个测点上安装压力传感器,试验人员可通过压力传感器测量各测点的气垫压力。

4.5.3.2　数据分析

(1)规则波试验数据分析

在气垫船规则波试验数据的处理上,与传统模型试验类似,通过记录不同波高、频率等波浪环境下船体的升沉响应、纵摇响应、首中加速度响应、弯矩响应,并将其转化为 RAO 值,从而可以找出船舶在频率响应谱下的运动峰值和载荷峰值,获得气垫船运动和载荷在常规波浪频率范围内的最大响应幅值。通过与气垫船相关规范对比,试验人员即可校核船舶结构强度是否能够符合各船级社所发布的标准。

同时,结合规则波试验数据和船舶实际航行位置的波浪谱,试验人员亦可以进行气垫船运动与载荷的理论预报。基于船体为线性响应系统的假设,船舶的运动与载荷频域分布应符合瑞利分布。因此,结合规则波试验得到的运动与载荷频率响应函数和双参数谱,即可计算出船舶运动与载荷对原点的零阶矩,从而获得船舶运动与载荷的三一值:

$$m_0 = \int_0^\infty |H(\omega)|^2 S_\zeta(\omega_e) \, d\omega_e \tag{4-19}$$

$$Y_{1/3} = 2.0\sqrt{m_0} \tag{4-20}$$

式中:$H(\omega)$ 为单位波幅引起的运动与载荷响应值,预报实船时需考虑缩尺比转换。$Y_{1/3}$ 为预报得到的运动与载荷的三一值。

对于气垫船而言,可根据有义波高和谱峰频率,取波浪双参数谱,即

$$S_\zeta(\omega) = \frac{1.25}{4} \times \frac{\omega_p^4}{\omega^5} \times H_s^2 \exp\left\{ -1.25\left(\frac{\omega_p}{\omega}\right)^4 \right\} \tag{4-21}$$

式中:ω 为波浪频率;H_s 为有义波高;ω_p 为谱峰频率。而船舶垂荡运动、纵摇运动、加速度以及载荷谱密度函数对原点的零阶矩则为

$$m_{Z0} = \int_0^\infty |\bar{Z}|^2 S_\zeta(\omega_e) \, d\omega_e \tag{4-22}$$

$$m_{\theta0} = \int_0^\infty |\bar{\theta}|^2 S_\zeta(\omega_e) \, d\omega_e \tag{4-23}$$

$$m_{a0} = \int_0^\infty |\overline{a_m}|^2 S_\zeta(\omega_e) \, d\omega_e \tag{4-24}$$

$$m_{M0} = \int_0^\infty |\overline{M_v}|^2 S_\zeta(\omega_e) \, d\omega_e \tag{4-25}$$

式中:$\bar{Z}$ 为垂荡运动响应函数值;$\bar{\theta}$ 为纵摇运动响应函数值;$\overline{a_m}$ 为加速度响应函数值;$\overline{M_v}$ 为垂向弯矩响应函数值。因此,气垫船运动与载荷的理论预报值为

（a）垂荡三一值

$$Z_{s1/3} = 2.0\sqrt{m_{Z0}} \quad (4\text{-}26)$$

（b）纵摇三一值

$$\theta_{s1/3} = 2.0\sqrt{m_{\theta 0}} \quad (4\text{-}27)$$

（c）加速度三一值

$$a_{s1/3} = 2.0\sqrt{m_{a0}} \quad (4\text{-}28)$$

（d）弯矩三一值

$$M_{s1/3} = 2.0\sqrt{m_{M0}} \quad (4\text{-}29)$$

（2）不规则波试验数据分析

在气垫船不规则波试验数据的分析上,试验人员需要进行统计特征值的初步计算,而目前主要采用两种方法进行相关数据的处理。第一种方法是根据不规则波试验中测得的运动和载荷时历样本,按照峰值排序求得运动和载荷响应的有义值;而第二种方法则是将不规则波试验测得的结果通过相关函数法进行谱分析,生成谱密度曲线,进而获得气垫船运动与载荷响应有义值。以三级不规则波模拟为例,表4.12~表4.13分别给出了三级海况(有义波高1.25 m)下气垫船在不同航速(航速40 kn和50 kn)时的运动与载荷响应有义值。由表对比可知,两种方法所计算出的船舶运动与载荷有义值有所不同,但整体差距不大。在垂荡、纵摇运动以及加速度的统计上,时历样本统计分析法所计算的有义值要大于基于相关函数谱分析法所计算出的统计特征值,而首部垂向弯矩和中部垂向弯矩的有义值则是基于相关函数谱分析法计算的结果偏大。因此,在实际不规则试验数据的处理上,试验人员应始终采用同一种方法进行对比分析,避免统计方法不同造成的规律误判。

表 4.12　气垫船不规则波试验数据统计（航速 40 kn）

运动与载荷响应	试验数据统计方法	
	基于相关函数谱分析法	时历样本统计分析法
垂荡有义值/m	0.180	0.185
纵摇有义值/°	1.074	1.180
首部加速度有义值/g	0.666	0.667
中部加速度有义值/g	0.284	0.294
首部垂向弯矩有义值/(kN·m)	2 517.6	2 508.6
中部垂向弯矩有义值/(kN·m)	5 094.5	4 686.3

表 4.13　气垫船不规则波试验数据统计（航速 50 kn）

运动与载荷响应	试验数据统计方法	
	基于相关函数谱分析	时历样本统计分析
升沉有义值/m	0.265	0.291
纵摇有义值/°	1.401	1.558
首部加速度有义值/g	0.466	0.567
中部加速度有义值/g	0.144	0.158

续表

运动与载荷响应	试验数据统计方法	
	基于相关函数谱分析	时历样本统计分析
首部垂向弯矩有义值/(kN·m)	2 342.9	2 307.703
中部垂向弯矩有义值/(kN·m)	4 282.5	4 479.393

4.5.4 试验关键技术及注意事项

(1)选取合适的船模缩尺比:试验人员必须考虑到船模实际重量的要求,保证足够的储备重量来调整船模的重量分布和浮态。需结合试验的要求、风机系统的重量及安装、数据测量装置和船模结构的制作材料等四个方面来确定船模缩尺比。

(2)保证船模的刚度:试验人员必须考虑气垫船船模刚度对船模试验运动状态的影响。试验设计中,试验人员可通过船模结构材料的选取和测量梁的安装连接来确保船模具有足够的刚度,从而保证船模试验测量的准确性。

(3)垫升风机系统的选取:垫升风机系统首先得满足试验风机的相似性要求,其次要保证风机自身工作性能的稳定性和耐久性,因此务必保证风机质量过关。

(4)试验水池的要求:由于气垫船船模试验多数是进行中高速航行,对水池的有效试验距离要求比较高,一般说来,至少需要 200 m 的水池长度。另外,长距离的水池试验,一定要测试好水池波浪的衰减程度。

(5)压力传感器的选取和安装:由于气垫船船模结构的特殊性,气垫压力的测量必不可少,对压力传感器质量要求高。试验人员应尽量选择耐用和精度高的压力传感器,同时多预备一些压力传感器,以便替换。在压力传感器的安装上,试验人员需在数量和试验要求两者之间找到平衡点,且尽量保证安装方便。

(6)围裙的制作:围裙非常关键,但它的设计和制作又非常困难,因此需要委托专业制作人员进行制作。同时,试验人员可在围裙上涂抹一定量的硅胶来增加其刚度,涂胶亦可以保证围裙系统与实船的相似性。另外,务必在静垫升试验中测试气垫的囊压比,试验人员可通过在囊指处开孔调整排气面积来保证实船和船模的囊压比相似。

4.6 多体船载荷模型试验

高速多体船的运动和载荷一直以来都是船舶行业研究的热点之一。为了能够有效地了解高速多体船的航行特点,往往在其船舶的设计过程中需要进行模型试验。本节给出了一种典型的三体船设计方案,试验人员通过此方案能够有效地进行多体船运动和载荷的测量。

4.6.1 试验方案设计

4.6.1.1 试验模型整体设计

在多体船的模型上仍进行分段处理,将主船模沿着纵向分为 7 个分段,片体分为两段;模型横向分为 3 段,即沿横向分为左侧片体、主体以及右侧片体,如图 4.65 所示。为了能够精确测量不同类型的载荷,在模型龙骨梁的设计上可采用两种方案。方案一注重多体船纵向载荷的测量,即主船体的垂向弯矩、水平弯矩以及纵向扭矩的波动记录。此时,将片体两分段分别用连接梁进行固定,连接梁只用于连接和传递载荷,不用于测量,如图 4.66 所示。为方便后续说明,规定该模型为模型 A。方案二则注重多体船横向连接桥载荷的测量,即连接桥横向扭矩和分离弯矩的波动记录。此种方案将采用一根测试梁来连接片体的前后两段,并利用三分力传感器连接主体与整个片体,试验人员可通过三分力传感器来观测整个片体产生的分离弯矩和横向扭矩,如图 4.67 所示。此种模型设计为模型 B。

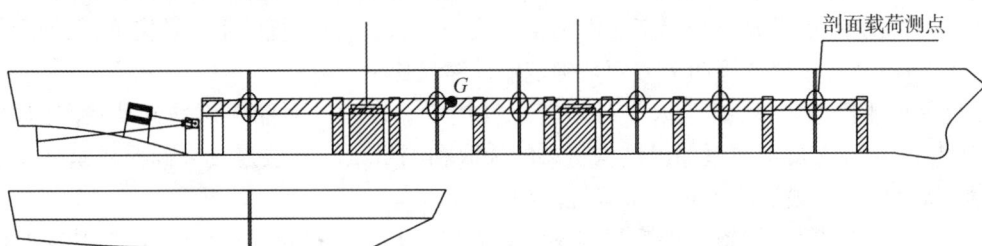

图 4.65   纵向载荷测量方案侧视图

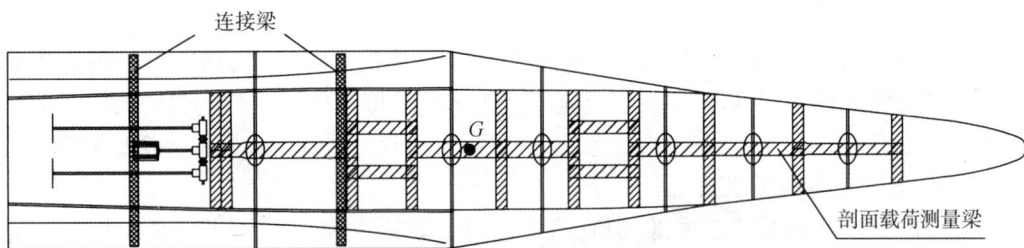

图 4.66   纵向载荷测量方案俯视图(模型 A)

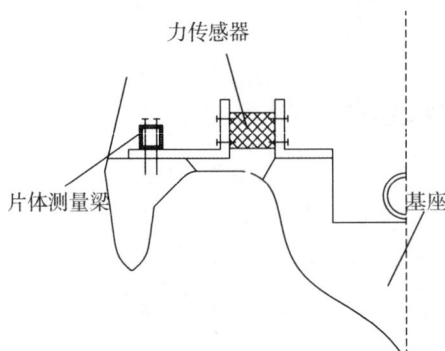

图 4.67   横向载荷测量方案图(模型 B)

船模外壳模拟到船舶的主甲板,按照缩尺比保证几何外形的相似。主体、片体、连接桥外壳均采用玻璃钢制作,三体船模型如图 4.68 所示。而用于连接梁的基座大多采用木质材料,个别基座采用电木板与木质夹层组合增加强度。在分段位置附近预留 10 mm 的缝隙,以避免模型测量梁在试验过程中由于发生弹性变形而使分段模型相碰。尾部第七段的较大空间用于布置螺旋桨推进系统。

图 4.68　三体船模型

4.6.1.2　船体梁设计

在多体船模型布置中主要采用两种梁:一种为用于测量剖面载荷的梁,其梁上将安装应变传感器,用于弯矩、扭矩等载荷的测量;而另一种为负责连接船模结构、传递载荷波动等梁,这种梁被视为连接梁。而在模型 A 和模型 B 所使用的梁中,主船体内的测量梁将以满足整船体动力相似为设计标准,其余梁(包括:片体测量梁、三分力传感器以及连接梁)的设计原则如下:

(1)片体测量梁
①满足片体剖面的刚度;
②能提供足够的结构强度,不会意外损坏或变形过大;
③便于安装应变传感器;
④具有较高的测量精度,即梁表面的应力不会过小。
(2)三分力传感器
①能提供足够的结构强度,不会意外损坏或变形过大;
②具有较高的测量精度;
③便于在船舶横向分段处安装;
④具有较高的测量精度,即横向弯矩和扭矩变形测量值不会过小。
(3)连接梁
①能提供足够的结构强度,不会意外损坏或变形过大;
②便于在船舶片头分段处安装。
在船体梁结构放置的位置上,考虑到片体测量梁和三分力传感器需要测量扭矩,因此,模型 A 与 B 的测量梁需要放在纵向扭心处,即测量梁中心在模型的中纵剖面且距基线一定高度处。模型 B 的三分力传感器,则需要保证高度与连接桥横向扭心一致。同时,考虑到模型安

装是否便利等问题,三分力传感器的中心纵向位置可设计为连接桥纵剖面扭心的纵向位置或片体中心附近。由于片体测量梁只测量垂向弯矩且不考虑该处的弹性效应,因此,片体测量梁的位置只以布置方便为原则。

在测量梁尺寸的设计上,试验可采用首阶固有频率相似的方法换算来获得模型测量梁的初步方案。通过应用 MSC.Nastran 对实船以及测量梁进行有限元模态分析,试验人员可通过对比实船与测量梁有限元模态计算的结果,分析两者之间的差距。在试验设计中发现,测量梁的一阶固有频率误差相对较小,而二阶固有频率的相对误差大一些。测量梁的刚度沿全船的分布则需要与实船分布的比例保持一致。

除了上层建筑之外,三体船的连接桥与片体都部分参与总纵强度,因此在设计主体测量梁时,需要进一步优化测量梁的尺寸[28]。在初步设计方案中,试验设计人员应主动使测量梁的首阶垂向固有频率略低于目标值。然后,试验设计人员计算上层建筑、连接桥及片体等结构的等效刚度,并将这部分刚度补偿到测量梁的刚度设计上。最后,试验设计人员可不断调整梁截面的尺寸直到首阶垂向固有频率达到目标值为止。表 4.14 给出了主体测量梁设计方案。

表 4.14　主体测量梁设计方案

名称	梁截面壁厚/mm	刚度提高率	长度/mm	质量/kg
单梁	5	12.45%	450	4.33
	5.5	0.95%	500	5.32
	6.5	1.66%	580	7.39
	7	11.67%	350	4.83
	7	11.67%	605	8.36
	6	12.34%	820	9.59
双梁	5.5	17.68%	395	7.45
	5.5	28.00%	395	7.45

同理,对于片体测量梁和横向连接梁亦采用同样的设计方法。模型 A 中,横向梁用于连接,共两根。考虑到模型质量控制问题,试验人员可采用铝质材料,其规格如表 4.15 所示。

表 4.15　横向梁规格

对应模型	截面面积/mm²	长度/mm	材料密度/(kg/m³)	质量/kg
A	1 300	940	2 700	2.79

模型 B 中,船舶两侧连接桥处各采用一个三分力传感器来连接。在模型 B 中,片体分段由一根测量梁连接,其规格如表 4.16 所示。

表 4.16　片体测量梁规格

对应模型	截面面积/mm²	长度/mm	材料密度/(kg/m³)	质量/kg
B	700	500	2 700	0.95

4.6.1.3　模型载荷与运动测量设计

在多体船模型试验中,载荷测量主要有沿船长分布的剖面载荷信号(垂向弯矩、水平弯矩、纵向扭矩)、横向分布的剖面载荷信号(分离弯矩、横向扭矩)、首部和连接桥测点处的砰击压力信号以及水动压力信号;运动信号主要有垂荡运动、纵摇运动、横摇运动(仅限斜浪、横浪试验中),首、中、尾及片体中心(仅限斜浪、横浪试验中)加速度信号以及首部砰击相对速度。对于船体梁载荷,模型 A 主要测量沿船长分布的船体梁载荷信号(垂向弯矩、水平弯矩、纵向扭矩),模型 B 主要测量横向分布的载荷(分离弯矩、横向扭矩)。而其余的压力测点和运动信号,两模型并无差别。

船体梁剖面载荷的测点位置均位于相邻两个分段接缝处。在模拟船体刚度分布的变截面梁上粘贴应变片,通过监测到应力时历信号和标定系数即可换算出弯矩时历信号。

压力测点一般分布在连接桥湿甲板、连接桥过渡段迎浪面、首部底部、首部舷侧等位置[29]。针对多体船复杂的布置结构,建议在主体与片体之间的湿甲板前中部、连接桥过渡段湿甲板处、连接桥过渡段背浪面、无片体中部区域的舷侧位置以及有片体尾部区域的舷侧位置进一步布置若干压力监测点。

船体运动的测点一般选在方便安装位置(船中部前后各一个,并留有充足的调整空间),而且安装位置应能够反映船体整体运动测量值的大小。事实上,重心处垂荡、纵摇信号并非直接测得。试验设计人员需通过适航仪测量得到的结果进行换算,从而间接获得船舶重心处的升沉和纵摇时历信号。首部和尾部加速度测点应位于中纵剖面内的船模首部和尾部主甲板上。而船首加速度传感器具体可布置在船中主甲板上重心的垂向投影点处,且位于首部第一分段和尾部分段的中间位置。船首的砰击相对速度可由测波仪的数据换算获得。

4.6.2　前期试验准备

在试验设备上,多体船模型试验与传统单体船的波浪载荷试验所采用的试验设备相同,主要试验设备有适航仪、应变传感器、加速度传感器、压力传感器等。同样,在试验之前需要对相关仪器和模型参数进行标定、调整和测试。

4.6.2.1　船体梁的标定

针对多体船采用的圆环形测量梁,在进行波浪载荷试验之前需要进行船体梁的标定试验。标定试验通过在船模分段处的测量梁上粘贴应变片来测量模型的剖面响应,但需要在试验前检验应变片粘贴的是否准确,以及信号是否稳定。试验人员采用的方法为在船体梁上悬挂重物,对测试处进行标定并检验其线性度。同时,试验人员采用有限元方法或悬臂梁理论对测量梁的弯曲进行理论预报,通过对比进一步验证剖面载荷的监测可靠性。

圆环形测量梁标定试验的具体步骤如下:

(1)将龙骨梁的一端进行刚性固定,另一端逐次悬挂重物,记录重物与应变片及刚性固定端之间的距离,同时记录每次悬挂的重量。

(2)通过数字采集仪器,读取每次重物重量下对应的应力值,每次读取之前要对试验仪器进行清零。

(3)通过每次重物悬挂,可以得到应力—重量的曲线图,观察其线性度,并采用有限元法对测试处进行校核,将理论结果与测试结果进行比较。

（4）若线性度良好,则可通过换算得到应力与弯矩之间的比例系数,船体梁标定至此结束。需要说明的是,本试验测量的并非龙骨梁上的实际应力时历,可将测量值乘以相应的标定系数得到模型剖面弯矩值,这个值可用于相似换算。

4.6.2.2 压力传感器的标定

由于试验中需要测量砰击压力,因此在试验前同样需要对压力传感器进行标定。通过读取液柱差,进而完成压力传感器的标定,并检验其线性度。

压力传感器标定试验的具体步骤如下：

（1）通过数字采集仪器,读取每次设定水柱高下相应的压力值,每次读取之前要对试验仪器进行清零；

（2）通过每次改变水柱高度,可以得到压力-水柱高的曲线图,观察其线性度；

（3）若线性度良好,则通过换算可以得到压力-水柱高之间的比例系数,压力传感器的标定至此结束。

4.6.2.3 螺旋桨转速的标定

由于多体船需要考虑航速效应的影响,多体船试验往往采用自航试验的形式。因此,在进行载荷试验前需对螺旋桨转速进行标定,以保证在达到给定电压或转速时,能够得到试验工况所需的航速。螺旋桨转速标定试验的具体步骤如下：

（1）启动自航船模,使得船舶模型与拖车一同航行；

（2）由于拖车航速已知,调整控制台电压,改变螺旋桨转速,从而令船模与拖车保持相对静止,同时记下此时的电压和螺旋桨转速；

（3）改变拖车速度,进行不同速度下的螺旋桨转速的记录。

值得注意的是,对于大波高海况下的失速情况,试验人员可在相应工况首次试验时微调螺旋桨转速,后续同一航速和波高下的试验均以微调后的螺旋桨转速为准。

4.6.2.4 模型重力特性的调整

为了保证模型与实船的重量、重心以及转动惯量相似,模型试验之前一定要调整重心和转动惯量等重力特性。试验人员可利用有限元法对实船的重量、重心及转动惯量进行理论计算,并通过添加、移动压载的位置等方法,将模型重心与转动惯量调整至理论值。

4.6.2.5 船体梁固有频率测试

由于分段模型的设计原则是令实船与模型首阶固有频率满足相似关系,因此模型的首阶固有频率是否达到理论计算的要求,对于试验结果的准确性至关重要。在模型下水时,要在试验开始前先对船体的固有频率进行测试,具体步骤如下：

（1）采用“锤击法”对船模首部施加一个瞬时的激振力,令船体产生振动；

（2）记录测量梁剖面应力时历曲线（或者是加速度时历曲线）,通过傅里叶变换得到船模的主频区域,读取船模的首阶固有频率；

（3）重复以上步骤3次以上,将测得的结果取平均值,得到试验测量结果后与理论值进行比较。

4.6.2.6 模型横摇阻尼测试

对于分段模型,试验人员需要在正浮状态下开展零航速静水自由横摇衰减试验。通过衰减试验中监测到的静水自由横摇衰减曲线,试验人员结合相关横摇衰减公式即可得到船模的横摇阻尼。

4.6.3 多体船试验与数据分析

4.6.3.1 规则波试验

为了充分研究航速对于多体船运动和载荷的影响,试验人员在规则波工况的设计上需要选择多个航速,并在每个航速下模拟不同波浪频率(波长)的规则波进行单项试验。在每个单项试验中,试验人员需要同步测量记录波浪、船舶运动(垂荡、纵摇,斜浪时还需测量横摇),首部、中部、尾部的垂向加速度及相关载荷(如剖面载荷、砰击压力)等数据,同时摄像头和照相机同步记录模型的运动状态。

多体船试验工况设计原则如下:

(1)浪向设计

为了分析浪向对于多体船运动和载荷的影响,在模型试验中可设置多个浪向。典型设计的波浪浪向以45°为一个间隔,因此试验工况的浪向可进一步分为迎浪、首斜浪、横浪、尾斜浪和随浪。斜浪工况一般需要在宽度较大的海洋工程水池完成。

(2)波长船长比设计

在规则波试验中,对于每种浪向、航速,试验人员将选取一个有代表性的波高,将所规定的波长船长比全部进行单项试验,从而得到载荷随波长船长比变化的趋势。接着,试验人员将挑选出比较重要的波长船长比,并进行其他波高的试验。波长船长比选取的原则如下:

①迎浪、随浪时波长船长比建议试验重点在0.8~1.2之间。

②横浪时波长船长比可初步定为0.1~1.5。按该范围对波长船长比筛选之后,试验人员可有侧重地进行其他波高的试验。

③斜浪波长船长比范围的确定与横浪载荷试验做法类似,亦可初步定为0.3~1.5。

(3)航速设计

航速的设计上需要考虑实船的运营航速、设计航速以及最大航速,在迎浪、横浪、斜浪以及随浪下做多种航速下的自航试验。

(4)波高设计

波高的设计需要结合实际船舶航行水域的情况,根据当地的波浪资料找到船舶最有可能遭遇到的波浪波高,并以此为基础进行波高的设计。建议以0.5 m为间隔进行不同波高分布的设置。一般来说,5种浪向下最大波高尽可能不超过12 m。水池在制造过大的波高上存在较大误差。

在多体船试验中,试验数据的测量方法与单体船相似,因此不再赘述。对于每个单项试验而言,试验的具体步骤如下:

①启动造波机,在水池中制造指定的规则波,拖车按照要求航速启动,船模在自航推进装

置作用下随拖车一同运动,且保证相对位置几乎不变。

②待稳定的规则波到达模型后,试验人员进行船舶运动和载荷的同步记录,记录不少于12个周期的各单项试验稳定段有效数据,记录结束后,拖车和船模停止运动。

③单项试验结束后,水池展开消波板进行消波,并对船模的浮态进行观察。如果出现浮态不一致的情况,试验人员应检查船模是否进水,并做抽水处理。

④在获得模型若干个规则波的单项试验数据后,可重复上述的试验步骤进行不同航速的试验工作。

4.6.3.2　不规则波试验

在开展多体船自航的不规则波试验时,不规则波试验波谱采用 ISSC 双参数谱。其中,波浪谱密度公式为

$$S_\zeta(\omega) = \frac{124H_s^2}{T_z^4\omega^5}\exp\left(\frac{-496}{T_z^4\omega^4}\right) \tag{4-30}$$

式中: H_s 为有义波高; T_z 为波浪特征周期; ω 为波浪圆频率。关于每个单项不规则波中的试验时间,国际拖曳水池会议 ITTC 曾做出过规定:必须有 200 个周期的试验,即必须有组成不规则波中的 200 个不同频率的波浪作用于船模。单项试验测量过程与规则波测量过程相似。试验的具体步骤如下:

(1)启动造波机,按要求在水池中制造不规则波,拖车按要求航速启动,船模在自航推进装置作用下随拖车一同启动,且保证相对位置几乎不变,待不规则波到达模型约 20 s 后,试验人员开始同步记录所有的测试数据直至该单项试验结束为止。

(2)在整个试验持续时间内,试验人员实时监视和显示各通道的记录数据和时历曲线。单项试验结束后,试验人员即可给出各通道的统计分析结果。

(3)待水池水面平静、模型处于平衡状态后,试验人员重复上述试验步骤进行不同航速下的单项试验,直至所有航速下的单项试验全部完成。

在相关参数的测量上,多体船试验的测量方法与单体船相同;上浪、砰击情况采用人工及视频同步观测。摄像头安装于拖车上,模型首部、尾部各安装一个,同时安排试验人员采用便携式摄像机拍摄试验过程,该录像将用于观察舷侧波形、首尾部波形、上浪及砰击[30-31]。

4.6.3.3　数据分析

对三体船的剖面载荷和运动进行分析,试验人员采用的分析方法与单体船一致。在规则波中,利用单位幅值的响应函数 RAO 进行统计,观察三体船随航速、波高以及频率的变化规律。而不规则波中,试验人员则是应用数理统计中的三一值来分析不同航速下船舶运动和载荷的统计特征。

4.6.4　试验关键技术及注意事项

(1)三体船由于结构较为复杂,其螺旋桨推进系统在运行过程中往往会因高频振动引起主体梁连接件的松动,因此在主体梁的安装和紧固上需要进一步加强。

(2)通过多次模型试验发现,在高航速和大波高下的甲板上浪较为严重。因此,在试验中应对船模上甲板进行密封处理,试验人员可在模型首部安装密封板。同时,试验人员可适当地

增加挡浪板来避免模型进水。

(3)由于多体船主片体的干扰效应相对复杂,建议试验人员在模型槽道口安装随船式浪高仪对槽道口处的波浪变化进行测量。

4.7 超大型浮体载荷模型试验

超大型浮体的结构形式和尺度与常规船舶有显著差异,其在波浪中的运动形式和受到的载荷与常规船舶也有很大不同[32-33]。而现阶段超大型浮体的载荷计算理论和通用规范资料却略显不足,因此需要进行相应的模型试验来研究超大型浮体的运动和载荷特点。

4.7.1 试验方案设计

4.7.1.1 试验关键技术与主要内容

超大型浮体模型试验的关键技术是将理论与实际情况相结合来保证模型试验实施的设计技术。其中包括浮体几何外形、刚度及重心惯量等相对参数的等效换算和设计、测量梁的设计及安装、分段密封、试验仪器的调试和标定、测试元件的安装以及模型与水池大型试验设备的连接等。只有这些模型试验技术环节得到保证,试验人员才能确保试验数据的有效性和试验方法的可行性。

试验的主要内容有:通过浮体的水池模型试验,完成模型在迎浪、横浪及斜浪工况下,规则波与不规则波中的运动与波浪载荷参数的测量。测试内容包括垂向位移、纵摇、船体垂向加速度、垂向弯矩、扭矩、水动压力等。结合相关监测数据,试验人员可研究浮筒桁架式超大型浮体的运动及载荷特性,同时通过规则波测得的运动和载荷响应对实际浮体进行耐波性与载荷的预报,为实尺寸的浮体结构设计提供相应的载荷。

4.7.1.2 超大型浮体试验需要满足的相似条件

超大型浮体试验,必须满足模型与浮体流体动力和结构动力特征相似,其主要条件包括:

(1)模型与实尺寸浮体的外形几何相似;

(2)模型与实尺寸浮体的纵向弯曲刚度相似;

(3)模型与实尺寸浮体满足重力相似;

(4)模型与实尺寸浮体的弗劳德数和斯特罗哈数相同,其中模型与实尺寸浮体的弗劳德数相同,即

$$Fr_s = Fr_m \tag{4-31}$$

式中:Fr_s 为实尺寸浮体的弗劳德数;Fr_m 为模型的弗劳德数。

根据弗劳德数的定义

$$Fr = \frac{v}{\sqrt{gL}} \tag{4-32}$$

式中:v 为实尺寸浮体或模型的航速;L 为实尺寸浮体或模型的船长;g 为重力加速度。则可

推导出模型与实尺寸浮体之间航速的关系

$$\frac{v_s}{v_m} = \sqrt{\lambda} \qquad (4\text{-}33)$$

式中：v_s 为实尺寸浮体的航速；v_m 为模型的航速；λ 为模型缩尺比。而模型与实尺寸浮体的斯特劳哈尔数相同，即

$$Sr_m = Sr_s \qquad (4\text{-}34)$$

式中：Sr_m 为实尺寸浮体的斯特罗哈数；Sr_s 为模型的斯特劳哈尔数。

根据斯特劳哈尔数的定义：

$$Sr = \frac{L}{U \times t} \qquad (4\text{-}35)$$

式中：t 为实尺寸浮体或模型的流动特征周期；U 为流速；L 为船长。则可推导出模型与实尺寸浮体之间流动特征周期的关系

$$\frac{t_s}{t_m} = \sqrt{\lambda} \qquad (4\text{-}36)$$

式中：t_s 为实尺寸浮体的流动特征周期；t_m 为模型的流动特征周期。

4.7.1.3　浮体模型的结构设计

在超大型浮体模型结构的设计上，由有限元计算可知，若顶部桁架纵向结构连续，则模型纵向弯曲刚度将超过实际纵向弯曲刚度的目标值[34]。为达到刚度相似，试验人员需将顶部桁架间断，从而由浮筒承担纵向强度。浮体模型从左侧浮筒连续编号，如图 4.69 所示。模型选择 1、2、4、6、8、9 号这 6 根浮筒作为提供总纵强度的构件，而其余 3、5、7 号这 3 根浮筒及整个上部桁架结构在纵向按照一定距离进行间隔断开，使浮体模型的顶部桁架不参与总纵强度的计算。模型的桁架结构横向构件仍保持连续。浮筒端口应保证水密，断开的两部分通过柔性连接来保证水动力性能不受影响。同时，设计的间断筒在每个分段内由两根横向撑杆与附近的浮筒连接。由于横向撑杆强度较大，故能保证间断筒的水动力传递到附近连续的浮筒上。这样设计的好处是可避免由于筒壁太薄而造成的模型局部强度及稳性过于敏感。设计模型时刚度偏差一般要小于 5%。图 4.70~图 4.73 给出了超大型浮体模型的三维设计效果图。

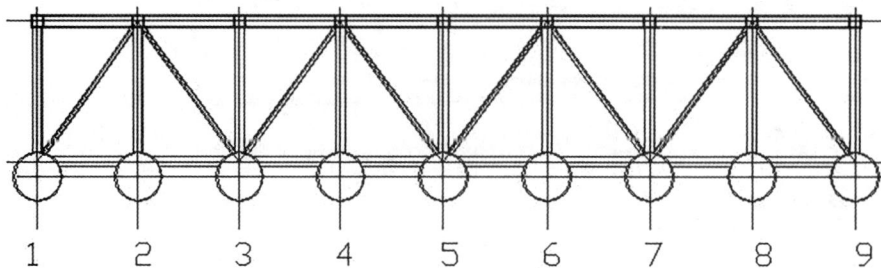

图 4.69　浮筒连续编号示意图

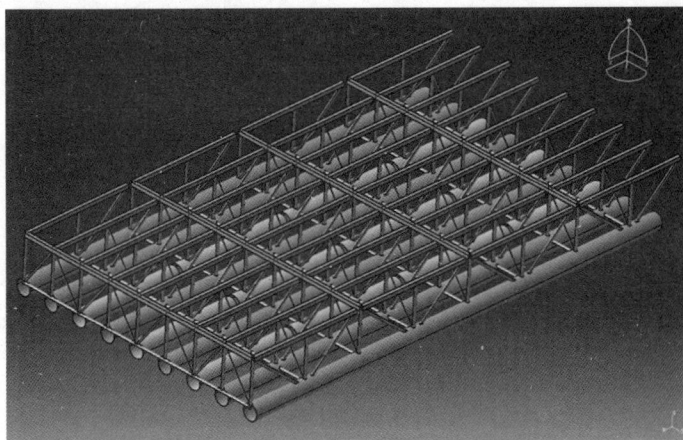

图 4.70　间断模型总布置三维设计效果图

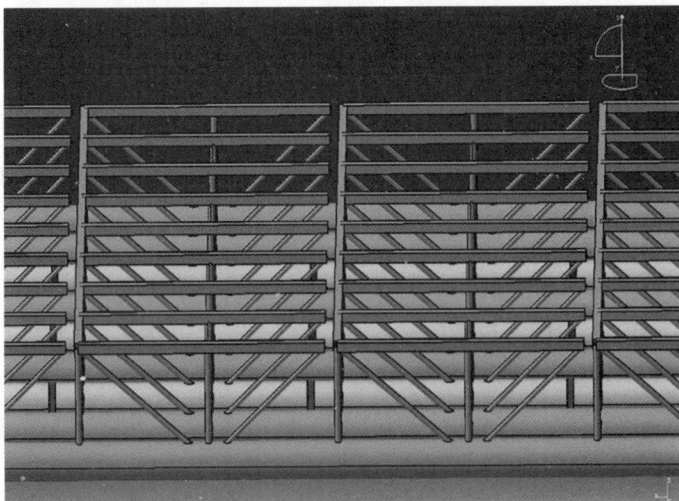

图 4.71　间断模型桁架断开三维设计效果图

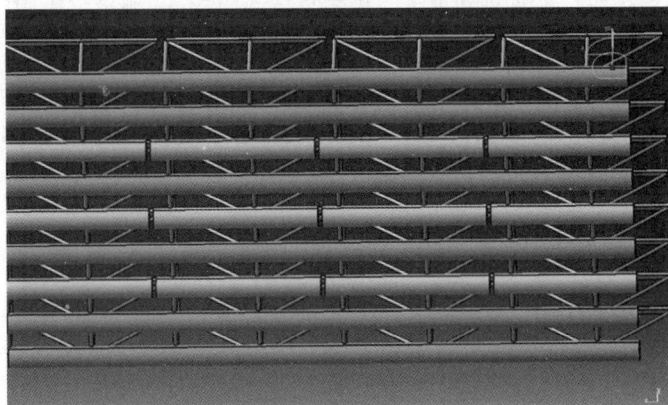

图 4.72　间断模型浮筒断开三维设计效果图

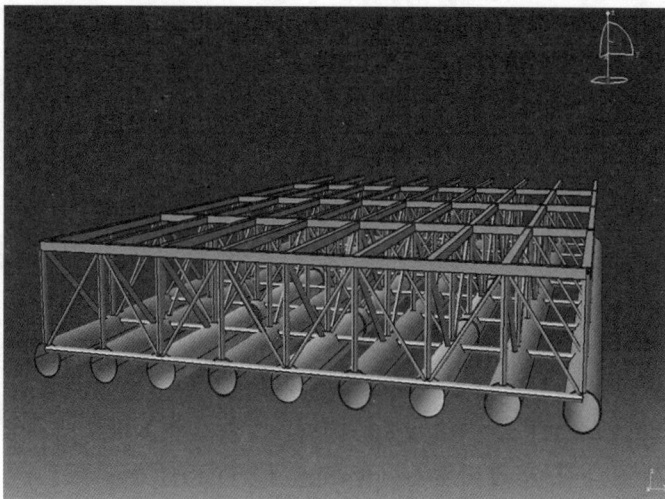

图 4.73　间断模型三维设计效果图

4.7.1.4　浮体模型的重量设计

为保证浮体模型与实尺度模型重量以及分布特点一致,在模型设计上需要注意以下几个方面:

(1)采用铝合金建造模型;

(2)间断的铝合金筒可以用较薄的厚度;

(3)采用焊接方式,减轻杆件接头的重量;

(4)采用与外径和浮筒配合的筒形梁作为应力测量元件直接与浮筒连接。

4.7.2　前期试验准备

4.7.2.1　模型振动模态分析

为保证模型与浮体纵向弯曲刚度相似,并方便与浮筒相连,测量梁采用铝合金材料的圆筒结构。尽管在模型结构刚度设计时,顶部桁架结构间断,使模型中和轴下降,浮筒上应力有所改变。但在剖面载荷的测量上可采用应力换算弯矩的方法,从而在保证纵向弯曲刚度相似的前提下使得顶部桁架结构间断对载荷测量结果影响较小。同时,在测量梁的设计上,需要进一步对模型与实尺度浮体的模态进行验证分析。

(1)模型垂向干模态分析

试验人员采用有限元法对浮体模型进行建模,如图 4.74、图 4.75 所示。通过调整模型的厚度和材料属性使得模型的质量分布以及重心位置与实尺度浮体保持一致。

同时,试验人员结合有限元法亦可计算出未考虑附连水质量下的模型与实尺度浮体振动模态和固有频率。图 4.76、图 4.77 给出了模型在有限元法下的一阶和二阶垂向固有振型。图 4.78、图 4.79 给出了实尺度浮体在有限元法下的一阶和二阶垂向固有振型。

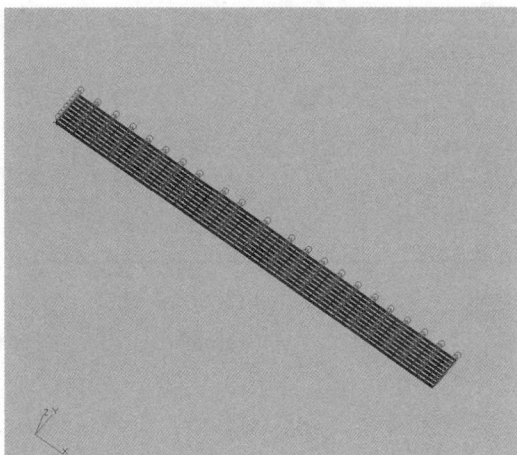

图 4.74　模型有限元整体效果图

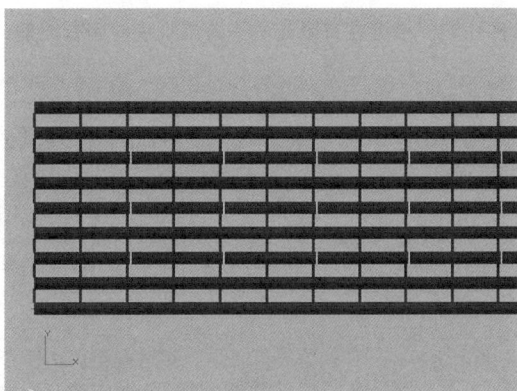

图 4.75　间断筒有限元模型细节图

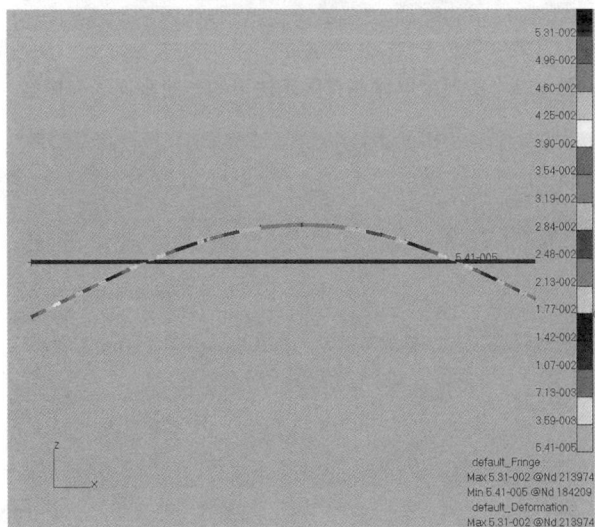

图 4.76　模型在有限元法下的一阶垂向固有振型

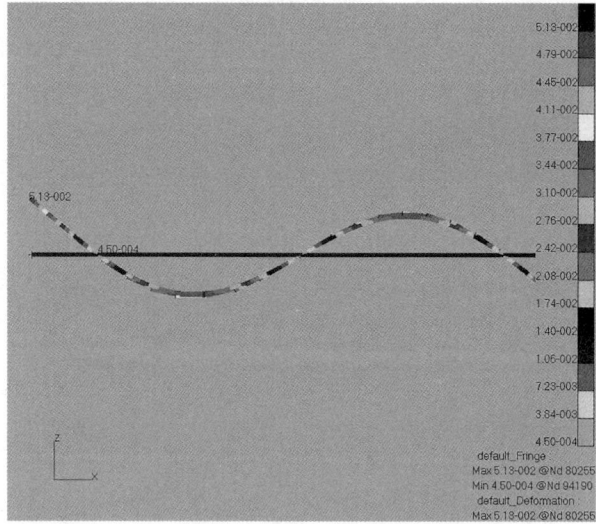

图 4.77　模型在有限元法下的二阶垂向固有振型

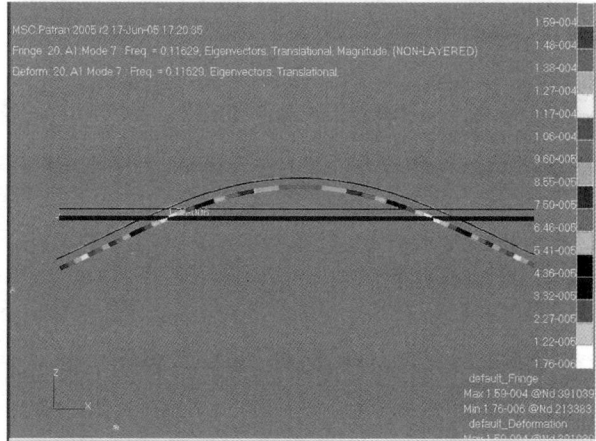

图 4.78　实尺度浮体在有限元法下的一阶垂向固有振型

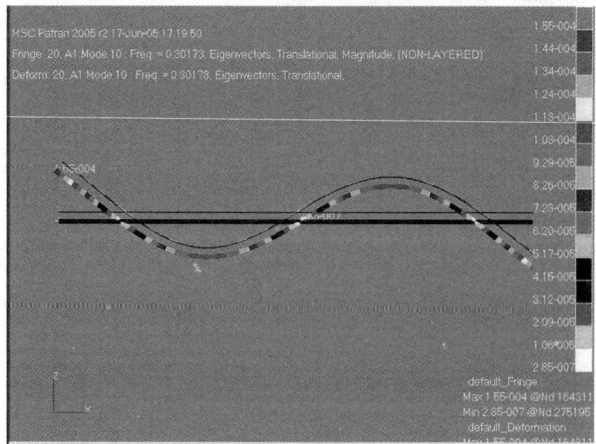

图 4.79　实尺度浮体在有限元法下的二阶垂向固有振型

在计入公差的影响后,模型干模态一阶固有频率的相对误差为 5.40%;模型干模态二阶固有频率的相对误差为 9.80%。显然,虽然二阶固体频率的误差有所升高,但其仍满足模型试验误差的要求。

(2)模型垂向湿模态分析

由于浮体的浮态、吃水以及波浪大小的变化会引起浮体运动时附连水质量的变化,因此试验人员还需针对模型与浮体进行湿模态的分析。分析过程仍然借助有限元模型实施,附连水质量的施加上假设浮体各筒相同且不存在耦合作用。图 4.80、图 4.81 给出了模型在湿模态下的一阶和二阶垂向固有振型。图 4.82、图 4.83 给出了实尺度浮体在湿模态下的一阶和二阶垂向固有振型。

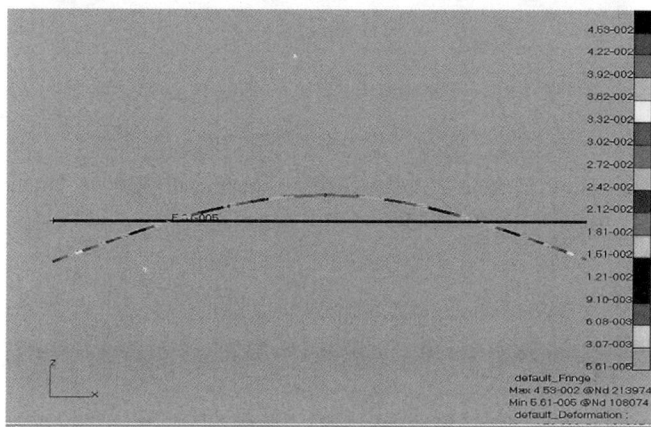

图 4.80　模型在湿模态下的一阶垂向固有振型

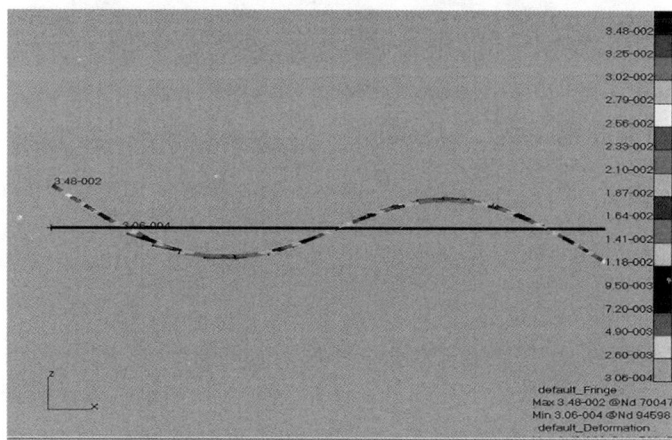

图 4.81　模型在湿模态下的二阶垂向固有振型

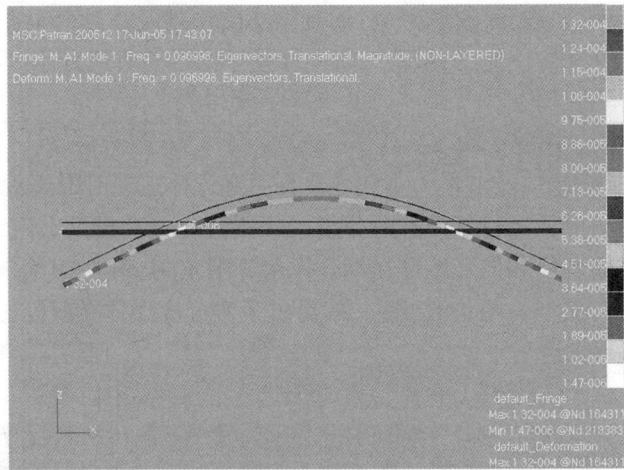

图 4.82　浮体在湿模态下的一阶垂向固有振型

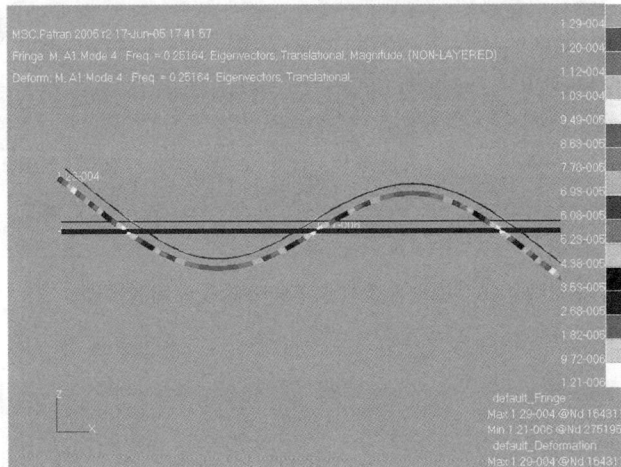

图 4.83　浮体在湿模态下的二阶垂向固有振型

同样,在计入公差影响后,浮体模型湿模态一阶固有频率的相对误差为 6.4%,浮体模型湿模态二阶固有频率的相对误差为 11.27%。与干模态类似,较之一阶固有频率误差而言,浮体模型的二阶固体频率误差较高,而且其相对误差与干模态误差比较有所扩大。

（3）模型扭转湿模态分析

对于超大型浮体而言,在波浪中其结构除了会出现垂向变形之外,扭转变形也不可忽略。因此,需要对浮体模型进行扭转变形的湿模态分析。与浮体模型垂向湿模态分析类似,采用有限元法对浮体模型与实尺度的浮体进行扭转振型和固有频率的计算。图 4.84 给出了浮体模型在湿模态下的一阶扭转固有振型。而图 4.85 给出了实尺度浮体在湿模态下的一阶扭转固有振型。从浮体固有振型的变形特点来看,两者的特征吻合较好。

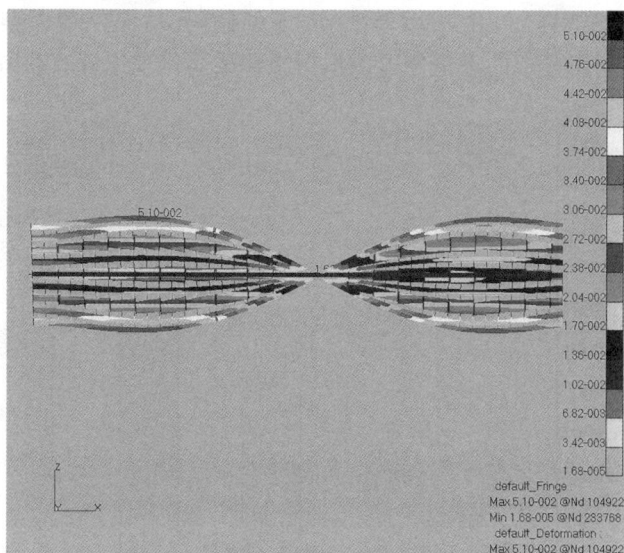

图 4.84 浮体模型在湿模态下的一阶扭转固有振型

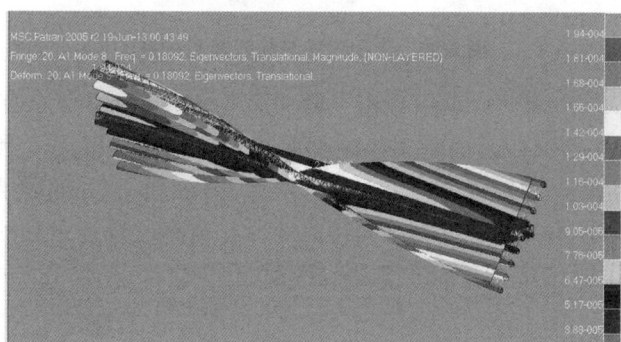

图 4.85 实尺度浮体在湿模态下的一阶扭转固有振型

在计入公差影响后,发现浮体模型的一阶扭转固有频率要大于浮体的一阶扭转固有频率。由此可知,在浮体模型与实尺度浮体质量分布相似的前提下,可以推测出模型的扭转刚度要比浮体的扭转刚度大。因此,在超大型浮体扭矩强度的模拟上现阶段的模型设计仍存在不足,测量结果仅能反映扭转运动的变化规律及载荷量级。

4.7.2.2 试验设备

超大型浮体试验一般在宽度较大的海洋工程多功能水池进行。其使用的试验设备主要包括:数据采集系统、适航仪、应变传感器、加速度传感器、阻力传感器、浪高仪等。

4.7.2.3 模型标定试验

(1)载荷测量标定

超大型浮体模型的标定试验主要可分为载荷测量标定和刚度标定。在载荷测量标定中,主要是建立模型测量梁所监测到的应变数据和监测剖面上载荷之间的关系。模型测量剖面为整个模型的 1/3 和 1/2 剖面,装夹位置为 1/3 剖面根部。通过在模型的另一端施加重量为

0 kg、5.5 kg、12.3 kg、25.7 kg、39.0 kg 以及 52.6 kg 的砝码,从而使得模型产生不同的剖面弯矩,如图 4.86 所示。剖面弯矩的理论值可以根据悬臂梁简化理论计算获得。

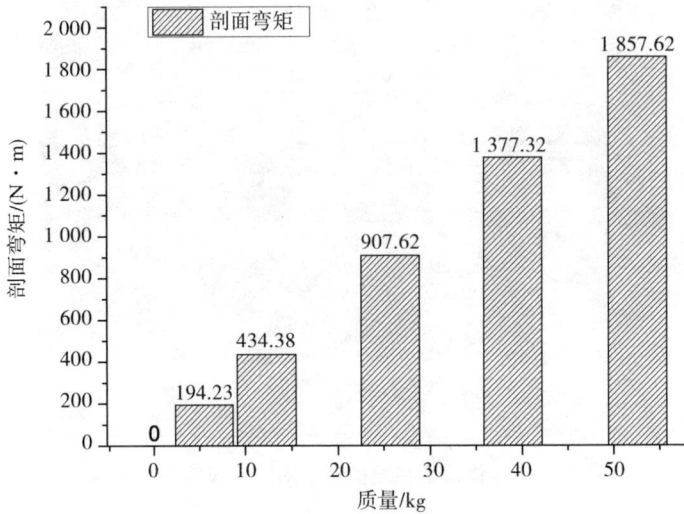

图 4.86　剖面弯矩与砝码重量关系

同时,在施加砝码的过程中,采用数据采集仪器记录不同监测位置的应力变化。其中,A1、A2、A4、A6、A8、A9 分别代表模型 1/3 处剖面从左舷起的六根连续筒上的正应力监测信号。图 4.87 和图 4.88 进一步给出了标定力臂分别为 3.6 m 和 6.4 m 的结果。由弯矩与应力变化的曲线图可知,浮体模型 1/3 处剖面垂向弯曲变形与监测位置记录到的应力基本保持线性关系,因此该位置利用应变波动来反映剖面弯矩是可行的。

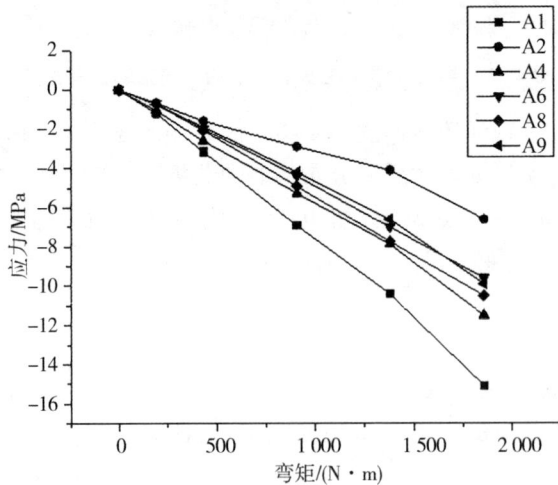

图 4.87　浮体模型 1/3 处剖面弯矩与监测应力的关系(标定力臂 3.6 m)

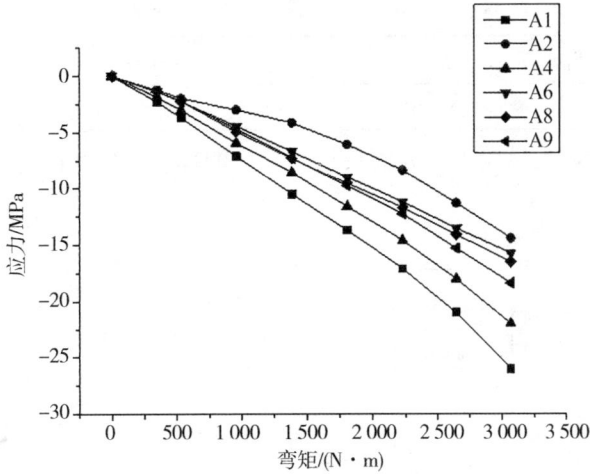

图 4.88　浮体模型 1/3 处剖面弯矩与监测应力的关系(标定力臂 6.4 m)

结合不同标定力臂下模型 1/3 处剖面弯矩与监测应力的关系,即可计算出监测标定系数 K。A1~A9 位置处的监测标定系数汇总于表 4.17。

表 4.17　A1~A9 位置处的监测标定系数

标定位置	K_{A1}	K_{A2}	K_{A4}	K_{A6}	K_{A8}	K_{A9}
标定系数	−142.86	−333.33	−166.67	−200.00	−200.00	−200.0

同理,可以对模型 1/2 处剖面弯矩进行标定。其中,B1、B2、B4、B6、B8、B9 分别代表 B 剖面(1/2 剖面)的从左舷起的 6 根连续筒上的正应力信号。图 4.89 给出了标定力臂为 3.2 m 时,浮体模型 1/2 处剖面弯矩与监测应力的关系。

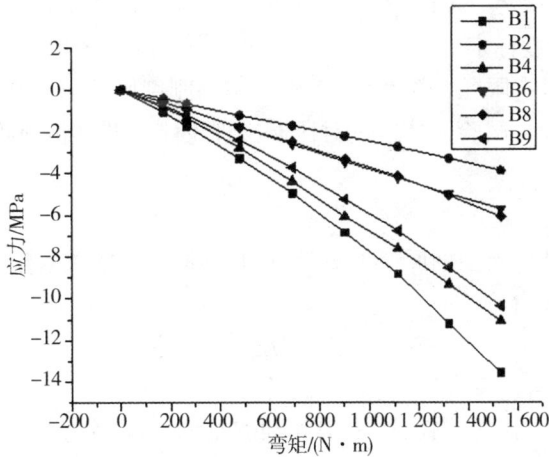

图 4.89　浮体模型 1/2 处剖面弯矩与监测应力关系(标定力臂 3.2 m)

结合模型 1/2 处剖面弯矩与监测应力关系,即可计算出监测标定系数 K。B1~B9 位置处的监测标定系数汇总于表 4.18。

表 4.18　B1~B9 位置处的监测标定系数

标定位置	K_{B1}	K_{B2}	K_{B4}	K_{B6}	K_{B8}	K_{B9}
标定系数	−125	−500	−166.67	−333.33	−333.33	−166.67

对于扭矩载荷的测量,试验人员亦需要进行相应的标定工作。图 4.90 给出了浮体扭矩与监测应力关系。

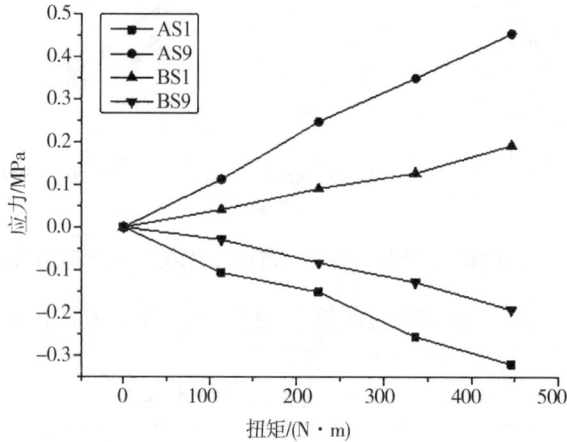

图 4.90　浮体扭矩与监测应力关系

其中,AS1、AS9 代表浮体 1/3 剖面处第 1 根和第 9 根连续筒上的剪力信号;BS1、BS9 代表浮体 1/2 剖面处第 1 根和第 9 根连续筒上的剪力信号。与模型剖面弯矩的标定过程一致,最终计算出不同剖面处的扭矩标定系数。1/3 剖面扭矩标定系数 $K = 1/0.001\,8$;1/2 剖面扭矩标定系数 $K = 1/0.000\,8$。

（2）模型纵向弯曲刚度标定

模型理论刚度可通过有限元建模获得,而模型实测刚度则可以采取应力换算法或挠度换算法这两种方法计算得到。试验人员通过对比模型理论刚度与实测刚度,即可实现弯曲刚度的标定。

①应力换算法

应力换算法主要是利用模型剖面惯性矩与应力、剖面弯矩的关系来获得浮体刚度。其中,剖面拉压应力的计算公式为

$$\sigma = \frac{MZ}{I} \tag{4-37}$$

式中:M 为剖面弯矩;Z 为应力监测位置距中和轴的垂向距离;I 为面积惯性矩。而模型的等效刚度 EI 即可根据剖面上 6 根管筒正应力的叠加平均值和铝合金的弹性模量 E 来获得。

②挠度换算法

该算法主要通过位移转化来计算刚度。算法中将模型看成一根等值梁,测量浮体模型的端部挠度 v。并根据位移计算式(4-38)即可获得模型刚度值。

$$v = \frac{ML^2}{2EI} \tag{4-38}$$

式中:L 为浮体模型的长度。

通过多次标定试验发现,采用应力换算法来估算模型刚度,其刚度值要大于位移换算法计算的模型刚度。分析原因认为:由于测量梁装夹时与浮筒间有间隙,导致标定时应力测量偏小,从而造成刚度偏大。而位移换算法所测量的模型挠度值为浮体端点在浮体初始位置上的投影距离;其挠度可以在外力作用下模型变形的空间积分得到,因此换算得到的刚度相对较小。与浮体真实刚度进行对比发现,目前模型刚度采用挠度换算法获得的结果与实际浮体刚度更为接近。

4.7.3　超大型浮体模型试验与数据分析

4.7.3.1　超大型浮体模型试验

超大型浮体模型试验主要测量模型在迎浪、横浪、斜浪规则波与不规则波中的运动与波浪载荷参数。具体的波浪载荷试验内容如下:

(1)波浪中浮体运动的测量

浮体模型在波浪中运动的测量主要包括垂荡、纵摇、船首加速度、船中加速度,其中垂荡和纵摇通过适航仪来测量,而船中垂向加速度、首部垂向加速度则通过加速度传感器来测量。

(2)波浪载荷的测量

模型波浪弯矩的测量主要包括首部横剖面和中部横剖面的垂向弯矩及扭矩的测量,其中垂向弯矩的监测主要是通过记录各分段剖面处船体梁表面应力,结合标定系数换算得到;而剖面扭矩的监测则是通过测量各分段剖面最外侧两根梁的剪应力推算获得。

(3)水动压力的测量

为了研究浮筒周围水动压力的分布情况,试验人员在一根浮筒周围布置了 4~5 个压力测点。试验人员在每个测点上安装若干压力传感器,并通过压力传感器测量各测点的水动压力。

4.7.3.2　数据分析

超大型浮体模型试验的数据分析与传统分段模型的数据分析类似。基于相似原理,试验人员将模型试验测得的试验数据(包括运动响应与载荷响应)换算成实尺度浮体数据。结合计算的 RAO 值,试验人员将进一步分析超大型浮体在迎浪、横浪、斜浪规则波与不规则波中的运动与波浪载荷变化规律,并与理论计算结果进行比较来计算浮体相关的水动力参数。

4.7.4　试验关键技术及注意事项

试验模型与原型的相似关系是试验数据可靠的重要前提,包括几何外形相似、刚度相似、重量相似等。但由于无法保证绝对的相似,故应将尺度效应带来的误差降到最小。对于超大型浮体波浪载荷试验而言,由于模型刚度较小,试验人员完全采用锤击法无法获得模型的首阶固有频率,只能基于有限元计算结果确保相似关系。在试验设计与实施中,模型的加工精度、模型分段之间的密封、模型的搬运、模型与海洋工程水池拖车的连接、模型试验传感器的安装均需注意,以确保试验的正常进行。

4.8　多体船喷水推进模型试验

随着船舶技术的发展,船舶推进形式呈现出多样化的趋势。特别是多体船、半潜船等特种船,由于其对于高航速、高稳定性等性能的要求,往往会采用较为先进的喷水推进器作为主要的动力推进方式。因此,在船模自航试验中,除采用常规的螺旋桨推进系统外,有必要进行以喷水推进为动力的船模设计与试验[35]。

4.8.1　试验方案设计

4.8.1.1　试验模型设计

在船模分段设计上仍沿袭了传统多体船分段模型的设计方案[36],主船舶模型纵向分为 7 个分段,片体分为 2 段;模型横向分为 3 段,即沿横向分别为左侧片体、主体以及右侧片体。船体外壳的制造仍采用玻璃钢材质,分段处需要采用硅胶进行密封。而在船尾分段处,由于推进形式的变化,试验人员对于船壳需要做一定的改进,如图 4.91 所示。喷水推进需要在尾部设置进水口,因此在船壳尾段需要开起两个较大的孔。其孔的具体形状应与喷水推进器的导流管端口吻合,从而确保尾段的水密性[37]。图 4.92 和图 4.93 分别给出了典型导流管和喷水推进器的设计。

图 4.91　可搭载喷水推进装置的改进船壳

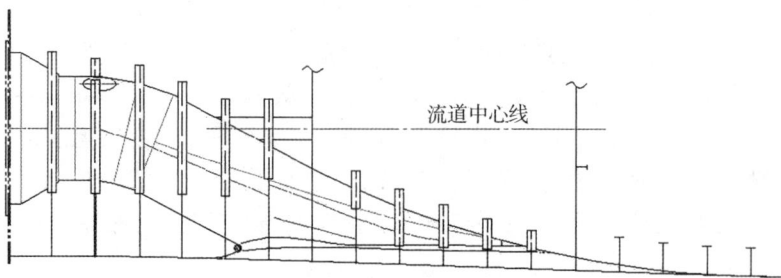

流道中心线

图 4.92　典型导流管的设计

图 4.93 喷水推进器的设计

4.8.1.2 推进器的无线控制

为了能够有效地控制喷水量,船尾推进器分别配备了两台高功率无刷电机,并采用电子调速器来调节引流管内的喷水速度。同时,试验人员采用锂电池为高功率无刷电机供电,并结合无线接收器和无线控制手柄实现船模喷水推进器的无线控制。喷水推进器无线电子配件的具体连接形式如图 4.94 所示。

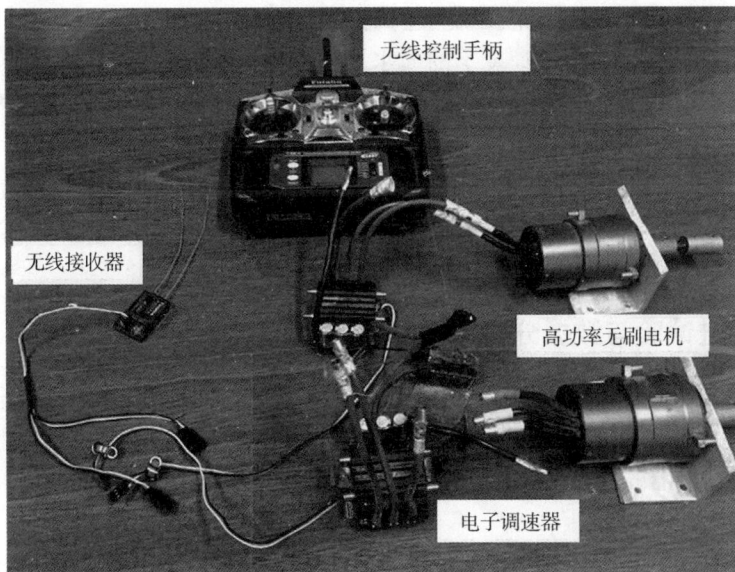

图 4.94 喷水推进器无线电子配件的具体连接形式

4.8.2 前期试验准备

在试验设备上,多体船模型喷水推进试验与传统多体船的波浪载荷试验所采用的试验设备基本相同,主要试验设备有适航仪、应变传感器、加速度传感器、压力传感器等。同样,在试验之前需要对相关仪器进行标定,其中船体梁的标定、压力传感器的标定与传统多体船试验保持一致,具体步骤可见 4.6.2 节。此外,船模的喷水推进器所能提供的推力和航速也需要进行标定。

4.8.2.1 喷水推进器推力标定

喷水推进器推力标定主要是对船模的喷水推进器所能提供的推力范围进行测量,并给出无线控制手柄喷水量调节与推力大小之间的关系。推进器推力标定的具体步骤如下:

(1)将船模放置于静水中,并将其尾部通过滑轮组与砝码相连;

(2)调整喷水推进器的喷水量使得船模产生前进趋势,并进一步施加砝码使船舶在某一位置静止,记录砝码重量,即为此喷水量对应的推力;

(3)加大砝码重量,并扩大船模推进器的喷水量使船模再次静止,记录砝码重量;

(4)根据记录的砝码重量与喷水推进器的喷水量,试验人员可绘制推力曲线,并建立喷水调节量与船模推力的关系。

4.8.2.2 喷水推进器航速标定

为了保证试验工况所需要的船模航速,需要对喷水推进器进行航速标定。与螺旋桨推进器的转速标定类似,喷水推进器的航速标定试验具体步骤如下:

(1)启动自航船模,使得船舶模型与拖车一同航行;

(2)由于拖车航速已知,调整无线控制手柄,改变喷水推进器喷水量,从而令船模与拖车保持相对静止,同时记下此时的无线控制手柄电压和喷水量;

(3)改变拖车速度,进行不同速度下的喷水推进器喷水量的记录;

(4)根据记录的拖车速度与喷水推进器的喷水量,试验人员可绘制航速–喷水量曲线,并建立喷水调节量与船模航速的关系。

值得注意的是,对于大波高工况下可能存在的失速情况,试验人员可在相应工况首次试验时微调喷水推进器喷水量,而后续同一航速和波高下的试验均以微调后的喷水推进器喷水量为准。

4.8.3 喷水推进试验与数据分析

多体船喷水推进试验是为喷水推进形式下针对多体船运动与载荷特性的研究提供数据支持。在不同航速下,通过观察规则波和不规则波中的船体剖面弯矩和运动波动特点,试验人员可分析配备喷水推进器的高速多体船运动与载荷的规律。

4.8.3.1 喷水推进试验

多体船喷水推进试验的主要内容有以下几个方面:

(1)根据规定航速进行船模在静水中的载荷试验,以测量分段船模在静水中航行的兴波弯矩、振动固有频率和纵摇周期及阻尼。

(2)在不规则波中进行模型运动与载荷试验,用以分析不规则波中的载荷特点与船体响应统计特性,并进行波浪载荷的极值推断。

（3）在规则波中进行模型运动与波浪载荷试验，以测量船模在规定航速下规则波中的运动、剖面载荷。同时，通过测量波浪数据，试验人员可进一步得到船舶各载荷分量在规则波中的响应传递函数。

4.8.3.2　数据分析

结合试验监测到的数据，试验人员可对多体船的剖面载荷和运动进行分析。数据分析采用的分析方法与单体船保持一致。在规则波中，试验人员可利用单位幅值的响应函数 RAO 进行统计，观察多体船随航速、波高以及频率的变化规律。而不规则波中，试验人员则是应用数理统计中的三一值来分析不同航速下船舶运动和载荷的统计特征。同时，与传统螺旋桨推进形式的多体船模型试验数据相对比，试验人员可分析喷水推进器对于船舶运动和载荷的影响。

4.8.4　试验关键技术及注意事项

（1）采用无线控制时，试验人员须缓慢调节无线控制手柄。该操作将使得电子调速器中的电流平稳变化，从而通过提升无刷电机中的电流来提高喷水速度。过快的调节可能会导致电子调速器故障。

（2）由于喷水推进器采用独立的锂电池供电，试验人员在接线时须注意电池的正、负极不能接反，否则会直接烧坏电子调速器和电机。

（3）随着喷水量的提高，引流管的部分连接配件会出现高频振动，试验人员须采用相关的密封胶做进一步紧固。

（4）船模在高航速航行时，试验人员应时刻注意喷水推进器的引流管是否存在堵塞和漏水现象。

参考文献

[1] 汪雪良,顾学康,胡嘉骏.基于模型试验与三维水弹性理论的船舶波激振动响应研究[J].船舶力学,2012,16(08):915-925.

[2] 李顺.大型船舶波浪载荷水弹性试验研究[D].哈尔滨:哈尔滨工程大学出版社,2015.

[3] 张少雄,杨永谦,吴秀恒.船舶水弹性分析及试验研究[J].水动力学研究与进展:A 辑,1996(1):65-72.

[4] 汪雪良,顾学康,祁恩荣,等.船舶波浪载荷预报方法和模型试验研究综述[J].舰船科学技术,2008,30(6):20-28.

[5] 唐浩云,张显库.船舶波浪载荷与结构强度[M].大连:大连海事大学出版社,2021.

[6] 文圣常,余宙文.海浪理论与计算原理[M].北京:科学出版社,1985.

[7] 俞聿修.随机波浪及其工程应用[M].大连:大连理工大学出版社,2003.

[8] 李聪,赵超,曾文源,等.长首楼船型首尾砰击响应试验分析[J].船海工程,2019,48(6):11-15.

[9] 杜娟.长艏楼型船舶波浪载荷试验与计算分析[D].哈尔滨:哈尔滨工程大学,2016.

[10] 曹正林. 高速三体船砰击强度研究[D].武汉:武汉理工大学,2008.

[11] 王玲,朱仁庆,李红艳.三维对称楔形体入水的水弹性力学分析[J].舰船科学技术,2018,40(5):19-25.

[12] 司海龙,赵南,胡嘉骏.船首自由落体砰击载荷模型试验研究[J].船舶力学,2020,24(4):445-455.

[13] 谢行.超大型集装箱船非对称砰击与结构响应研究[D].哈尔滨:哈尔滨工程大学,2019.

[14] 刘明,高东博,左卫广.海洋结构物砰击问题的研究与进展[J].华北水利水电大学学报:自然科学版,2017,38(5):76-81.

[15] 于鹏垚.船舶局部砰击载荷与结构响应计算方法研究[D].哈尔滨:哈尔滨工程大学,2016.

[16] 汪松,任慧龙,于鹏垚,等.局部砰击载荷预报的规范算法研究与分析[J].船舶工程,2015,37(8):5-8.

[17] 王辉.船体结构局部强度设计中的砰击载荷确定方法[J].中国造船,2010,51(2):68-77.

[18] 杜敏.浅水多点系泊FPSO水动力性能分析[D].青岛:中国石油大学,2016.

[19] 朱建,窦培林,陈刚,等.西非海域涌浪对多点系泊FPSO水动力性能影响分析[J].中国造船,2014,55(3):117-124.

[20] 范依澄.FDPSO系泊系统设计及方案优化研究[D].镇江:江苏科技大学,2016.

[21] 张火明,杨建民,肖龙飞.内转塔式系泊FPSO模型试验研究[J].华东船舶工业学院学报:自然科学版,2005(3):6-11.

[22] 唐坤,魏冠杰,王杰.圆筒形FPSO外输作业时的极限风速分析[J].航海技术,2022(2):73-77.

[23] 刘振东.浮式海洋平台柔性构件动力分析[D].哈尔滨:哈尔滨工程大学,2017.

[24] 康庄,张橙,孙丽萍.FPSO和外输系统的模型试验截断技术研究[J].中国造船,2017,58(1):135-147.

[25] 吴兆年.一种新型气垫船垫升系统特性研究[D].哈尔滨:哈尔滨工程大学,2019.

[26] 赵丽刚,鲍文倩,丁仕风,等.气垫船垫升风机的振动分析及减振试验[J].船舶工程,2020,42(7):6-8.

[27] 卓奉暄.全垫升气垫船载荷模型试验研究[D].哈尔滨:哈尔滨工程大学,2020.

[28] 任慧龙,田博,仲琦.三体船分段模型波浪载荷试验研究[J].船舶力学,2017,21(1):1-7.

[29] 孙志勉,曲雪,任淑霞,等.三体船连接桥砰击响应模型试验研究[J].武汉理工大学学报:交通科学与工程版,2021,45(6):1118-1122.

[30] 唐浩云,任慧龙,李辉,等.三体船在迎浪不规则波中的运动和载荷试验研究[J].振动与冲击,2017,36(18):140-147.

[31] 郭春雨,龚杰,李茂华,等.ITTC规程下喷水推进三体船自航试验研究进展[J].船海工程,2014,43(6):15-18.

[32] 万志男.超大型浮体水弹性响应数值分析与试验研究[D].大连:大连理工大学,2014.

[33] 刘磊磊.桁架式超大型浮体波浪载荷计算方法研究[D].哈尔滨:哈尔滨工程大学,2015.

[34] 孙永岗,孙建群,郭飞,等.超大浮体的多段梁模型特性分析[J].解放军理工大学学报:自然科学版,2015,16(5):456-464.

[35] 蔡佑林,沈兴荣,孙群,等.喷水推进船航速预报的动量通量试验技术发展现状[J].中国造船,2015,56(2):131-141.

[36] TANG H Y, ZHANG X K, REN H L, et al. Numerical study of trimaran motion and wave load prediction based on time-domain Rankine-Green matching method[J]. Ocean Engineering, 2020, 214(2):107605.

[37] 汪永鑫,邬嘉铭,郑连兴,等.船舶高速喷水动力推进器设计与仿真分析[J].舰船科学技术,2022,44(6):90-94.